AF260344

HISTOIRE

DES DEUX
DERNIERS SIEGES
DE LA
ROCHELLE,

Le premier soubs le Regne du Roy
CHARLES IX. en l'année 1573.

Et le second soubs le Roy LOVYS XIII.
à present heureusement regnant,
és années 1627. & 1628,

A PARIS,

Chez FRANÇOIS TARGA, au premier
Pilier de la grand' Salle du Palais,
deuant les Consultations.

M. DC. XXX.

AVEC PRIVILEGE DV ROY.

AV LECTEVR.

MY Lecteur, Ayant eu entre mes mains les memoires des deux Sieges de la ville de la Rochelle les plus memorables & signalez qui ayent esté en la France; l'vn aduenu du regne du Roy CHARLES IX. l'autre & le dernier du temps du Roy LOVYS XIII. à present heureusement regnant: i'ay estimé estre chose digne de vous estre presentée, tant pour renouueller la memoire de ce qui s'est passé au premier, que pour representer ce qui a esté faict de nostre temps, & encore fraischement executé par l'issuë heureuse & desirable tant aux vaincus qu'aux victorieux d'vn si long & si penible Siege. Et en verité on pourroit auec iuste cause dire de cette ville ce que les Histoires anciennes ont tant diuulgué & raconté de ce fameux & celebre Siege de Troye: car par deux fois celle-cy fut assiegée, & apres auoir repris ses forces & s'estre releuée de ses cheutes, ne laissa de retomber en ses mesmes vexations, iusques à ce qu'en fin elle fut reduitte en cen-

dres. Le parjure & la perfidie enuers les Dieux
Apollon & Neptune, fut cause de son premier Siege, desquels elle se mocqua apres
de ses murailles, & desnié les presens &
auoir tiré d'eux l'ouurage & les bastimens
offrandes de ses thresors qu'elle leur auoit promis : ce qui attira le grand Hercule à prendre
la vengeance de sa desloyauté, luy ayant mesme
refusé les cheuaux que Laomedon son Roy luy
auoit promis pour chasser le monstre qui dete-
noit sa fille Hesione captiue. De là vint la premiere destruction de Troye par ce grand Heros.
qui eut l'honneur le premier de luy faire porter
la peine de sa desloyauté. Le second Siege de la
mesme ville fut pareillement suscité par vne
impieté insupportable & perfidie estrange de ce
Berger Troyen qui rauit la femme du Prince
Grec la plus belle de toute la Grece, & viola les
loix & les droicts de l'hospitalité pour assouuir
ses plaisirs, qui causerent vn autre Siege, & la
ruine entiere de son Estat.

Nostre Rochelle n'est à comparer à ce florissant Empire des Troyens qui dominoit en la
Grece & foisonnoit en thresors : car elle n'est
qu'vn petit coing & destroit de pays, subiet de
tout temps à nos Roys : & neantmoins s'estant
seruie de l'auantage du lieu auoisinant la Mer,
& propre à trafiquer auec toute sorte de nations, s'est par plusieurs fois tellement oubliée

& esleuée, que d'auoir osé prendre les armes
contre ses Princes naturels, & resister aux plus
puissans Roys de l'Europe, ayant par ses perfi-
dies, desobeyssances & rebellions reiterées cau-
sé la perte d'vn incroyable nombre de personnes, & espuisé presque les thresors d'vn tres-
opulent Royaume. Il semble que cette ville ait
esté comme vn essay de la licence des hommes
comblez de trop grandes commoditez qu'elle
auoit gousté l'espace de tant d'années qu'elle
auoit eu le vent en poupe, faisant embarquer
en son vaisseau iusques aux plus grands Princes & Seigneurs, pour se fortifier en ses pretensions, & accroistre sa Principauté malgré ses
Roys & Seigneurs legitimes. Mais autant de
fois qu'elle s'est presumée venue au dessus de ses
entreprises, & ne pouuoir plus differer à declarer ses desseins ambitieux, la Iustice du Ciel,
fidele compagne de nos Roys, luy a donné des
viues atteintes & chastimens tels que meri-
toient des subiets rebelles & transgresseurs du
deuoir de la vraye obeyssance. Les Histoires de
la France en font assez de foy, les Annales en
sont remplies, les exemples n'en ont esté que
trop frequents. Mais elle ne s'est iamais veuë
si iustement & griefuement chastiée que par
les deux derniers Sieges, qui luy ont faict rendre ses derniers abois: l'Histoire desquels sembloit meriter de plus grands discours, & dres-

ã iij

sez par les meilleurs Esprits de la France, que ces deux que i'ay eu la hardiesse de vous offrir, attendant les plumes plus exquises & les memoires plus particuliers de ceux qui pourront desployer leur style en vn tel sujet. Ie me suis contenté de remettre en iour le premier Siege soubs le Roy Charles I X. & le dernier soubs le regne de nostre Roy Louys X I I I. lequel y a apporté la derniere main, & tellement faict recognoistre à cette ville rebelle la grande oubliance en laquelle elle s'estoit plongée, pour s'estre laissée porter à vne si opiniastre & iniuste resistance contre ses iustes commandemens, que iamais elle n'aura l'enuie ny le pouuoir de recidiuer; & ne sera temps auquel elle ne loüe Dieu d'auoir esprouué l'admirable clemence de son Roy legitime, ayant mieux aimé luy faire ressentir les effects de sa grace, que d'abolir & aneantir comme il pouuoit sa memoire entiere, & n'en laisser aucun vestige à l'aduenir.

Mais ce bon Prince ne pouuant oublier l'affection naturelle qu'il porte à ses subiets, estima la conqueste plus glorieuse sur ses passions & le desir de la vengeance, que tous les trophées & despoüilles qu'vne sanglante desfaicte luy pouuoit aisément apporter. Ainsi disoit tout haut cet Empereur Romain, qu'il reputoit à vn plus grand honneur de sauuer vn citoyen, que de mettre à mort mille ennemis.

Av Lectevr.

tant luy estoit souhaittable la Couronne de
fueilles de Chesne, seruati gloria ciuis, &
beaucoup plus precieuse que celle de Laurier,
qui ne donnoit pas tant de lustre & d'orne-
ment sur les frontispices des Palais des Empereurs, que le Chesne, qui tenoit le milieu entre
les Lauriers, comme meritant le lieu le plus
honorable.

De s'estendre plus au long sur vn si grand
sujet, la foiblesse de mes forces ne le permet:
ioint que tant de plumes doctes & releuées ont
tracé leurs traicts sur vn si noble patron, que ie
craindrois de rougir d'en dire dauantage de
plus basse & moindre estoffe. Quant au discours du dernier Siege de la Rochelle, i'ay suiuy
les memoires & relations plus particulieres qui
se sont peu remarquer, & par ceux qui ont esté
presens sur les lieux; m'estant efforcé de faire
choix de ce qui a esté receu parmy nous pour le
plus asseuré, & n'y ay rien meslé qui ne soit ad-
noüé des personnes dignes de foy: Et reseruant
à ceux qui ont quelque chose de plus particulier
vn œuure de plus longue haleine, ie me suis
contenté de tirer les premieres couleurs & li-
neamens d'vne plus grande Histoire; vous
priant prendre en bonne part ce que ie vous en
offre, d'aussi bonne volonté que ie desire monstrer en toutes autres bonnes occasions l'affection que i'ay de vous rendre seruice.

LA SITVATION,
ORIGINE, ET PROGRÈS
de la Rochelle.

A ROCHELLE est situee sur les bords du grand Ocean, & peut-on de là voir par mer en tous lieux. Le plan d'icelle prend son assiette du haut d'vne colline, le pied de laquelle est battu d'vn costé des vagues de la mer, & s'estend si doucement sur la plaine, que malaisément pourroit-on iuger la ville estre esleuée, sinon la regardant de loing, & luy conferant le sit de la Fons & autres bourgades voisines. Elle est assez auancée sur l'Ocean, l'onde duquel y fait son entrée par la gorge d'vn canal fait exprés pour l'entrée & sortie des Nauires. Elle ne prend forme certaine ny ordinaire : car comme elle a esté bastie à plusieurs fois, & selon l'oportunité

Plan de la Rochelle en general.

A

augmentée & accreuë de murailles; elle
est aussi fort pointuë, pour l'encogneure
des esperons & auances de longues tenailles qu'elle a, qui luy seruent de bastions &
rauelins pour la defence d'icelle.

Le circuit de cette place est diuers, sa
face du costé de la Mer regarde le Sud & le
Sudest, ou entre le Midy & l'Orient, estof-
fée par là de hautes murailles de pierre de
taille tres-bien liées & remplies de terre,
qui seruent de platte forme à ranger vingt
pieces de canon qui battent tant sur les
fauxbourgs de S. Nicolas, que sur l'emboucheure de la poincte de Corcilles le
long du canal.

Le derriere de la ville est d'enuiron trois
cens pas de tour du costé de Poictou, & cela est terre ferme : les deux autres costez
sont marets, ceux qui sont à droict entrant
dans la ville par la porte de Cogne sont
doulceins, parce qu'ils ne sont remplis que
d'eau de pluye, à cause aussi que les Rochelois n'y laissent pas entrer la mer, l'eau de
laquelle est retenuë par vn larron au fossé
de la porte des Moulins : les autres marets
à gauche sont salans, & au delà d'iceux c'est
terre ferme pour entrer en Xaintonge &
Angoulmois sortant par la porte Sainct
Nicolas.

Pour le païfage, elle eſt aſſiſe en vn fort *Le païſage.*
agreable & fertile endroit, & y reçoit on
toute ſorte de commoditez en temps de
paix.

Le pays eſt deſcouuert de bois, mais *Sa fertilité.*
tout chargé de vignobles, horſmis le coſté
des marets ſalans, leſquels ſont de tres-
grand reuenu à cauſe du ſel qui s'y fait. Là
ſe recueille grande quantité de vins, qui
ſont enleuez par pluſieurs marchands, tant
François qu'eſtrangers, comme de Bretagne, Normandie, Angleterre, Eſcoſſe,
Flandres, Holande, & autres quartiers du
Nort & pays Septentrionaux : d'où leur
vient quantité d'argent, bled, cuirs, toilles,
airain, plomb, fer, eſtain, cuiure, marbre, &
autres marchandiſes.

Ils ont auſſi abondance de tout ce qui
leur eſt requis du coſté du Poiſtou, Onis,
Xaintonge & Angoulmois, par Marant,
la Niuoyre, Moſé, Surgeres & Tonecha-
rente : & outre ce le Gouuernement que
l'on appelle du pays d'Onis. Et combien
que la terre ferme leur apporte beaucoup
de commoditez, le Havre ſemble neantmoins leur en apporter bien d'auantage,
pour ce qui en peut arriuer de profit, ſoit
en paix, ſoit en guerre.

Il n'y a que cinq cens cinquante ans au

plus que la Mer y ameine les grands vaiſſeaux pour le traffic, car peu auparauant ce
n'eſtoit qu'vne petite bourgade, laquelle ſe
peuplant, comme la mer croiſſoit & y ap-
portoit de plus en plus de commoditez
pour la peſche, ou pour le traffic és lieux
voiſins, ou pour le tranſport de la fertilité
d'icelle és pays eſtranges; elle fut en fin
eſleuée en droict de Communauté, auec
permiſſion de ceindre de murailles tout ce
coſté qui ſembleroit le plus conuenable
pour le traffic.

Origine de la Rochelle.

Tout le pays qu'on appelle Onis eſtoit
du Poictou, & encores au deçà, compris
ſoubs le nom & Terres des Comtes de
Poictou, le premier deſquels s'appelloit
Guillaume qui eut vne fille nommee Alie-
nor, ou Eleonor, laquelle ayant eſté mariée
à Louys le Ieune dit le Piteux, & par luy
repudiée, ſe maria depuis auec Henry Roy
d'Angleterre, lors Prince de Gales, auquel
elle porta en dot entre autres biens & Sei-
gneuries la Rochelle, petite alors, ſans y
ſpecifier aucunement le pays d'Onis, ny
que par aucun article du contract l'on veiſt
que ce lieu fuſt ſeparé du Comté de Poictou. De là vient que les Roys d'Angleterre en ayant iouy ont confirmé de pere
en fils les priuileges que la Royne Eleonor

leur auoit donnez. Parauant Guillaume
Comte de Poictou c'eſtoit peu de cas que
de la Rochelle, n'eſtant qu'vne fort petite
bourgade habitée de peſcheurs, leſquels
gaignoient leur vie à Chaſtelaillon & autres lieux. Ce que monſtroient les armoi-
ries antiques de la ville, qui n'eſtoient que
d'vn petit bateau plat auec vne ſimple voile. Les Rochelois ont du depuis chargé
leur Nauire de deux haures, pourueu de
toutes ſes voiles, comme s'il tenoit route
en pleine mer. Voulans par ces armes imi-
ter & contrecarrer Paris, la capitale du
Royaume, comme on dit que Capoüe &
Carthage eſtoient emulatrices de la grandeur de Rome.

Tous les priuileges de cette ville ont eſté
donnez par ledit Guillaume Comte de
Poictou, & ſadite fille Eleonor, cent ans
deuant leſquels à peine ſçauroit-on trouuer memoire aucune d'icelle. La plus ancienne que les Rochelois ſçachent monſtrer eſt aux chartres du threſor de ladite
ville, du don fait par ladite Eleonor Com-
teſſe du Poictou & Ducheſſe de Guyenne,
eſtant pour lors à la Rochelle, en la Mairie
du ſieur de Montmiral. Cettuy-cy eſt le
principal priuilege entre les autres, qu'elle
leur octroya le droict de Communauté,

par lettres données à Niort l'an 1199. auec
droiſt de Iuſtice haute, moyenne & baſſe,
cens, rentes & domaines : ce qui ſe verifie
par les chartres tant Latines que Françoi-
ſes.   Anciennement, & lors qu'ils commencerent à ſe multiplier, ils ne pouuoient
teſter, marier leurs filles, ny diſpoſer de
leurs biens, ſans le bon plaiſir de leurs maiſtres & Seigneurs de ce pays ; comme portent les priuileges des Roys qui les diſpen-
ſent de cela. Le Pape Honoré III. caſſa aucunes de leurs couſtumes en l'an, 1217. en
eſcriuant aux Maire & bourgeois de la Rochelle, comme il ſe voit au Canon *Peruenit,*
de conſuetud. defendant là le Pape que la
femme Rocheloiſe adultere n'euſt à rien
prendre és biens de ſon mary decedé. T

Les Seigneurs de Chaſtelaillon eſten-
dent la plus-part de leur Iuriſdiction ſur le
Siege & reſſort de la Rochelle & paiſage
d'icelle, & meſmes iuſqu'à ce iour ils eſten-
dent leur Iuſtice & fief iuſques à la porte
S. Nicolas.

Le territoire de la Rochelle, comme ap-
pert par les vieilles pancartes de ladite ville, n'eſtoit que le Chaſteau & Chaſtellenie
de Benon & de Rochefort, auec le Bailla-
ge de Marennes, & leurs appartenances,
qui furent tranſportez au reſſort de la Ro-

chelle par lettres de Charles V. données
au Bois de Vincennes le 24. Nouembre
1374. & deux ans auparauant ledit Roy
Charles leur auoit donné le priuilege &
tiltre de Nobleſſe, en la Mairie de Pierre
Chaudrier ou Chaudorier, par lettres données au Louure lez Paris le 8. Ianuier 1372.
apres ceux de Poictiers audit an. Par lettres
dónées à Crecy en Brie par le meſme Roy
Charles V. l'an 1380. ſur les differents d'entre les Eccleſiaſtiques de Xaintes qui demandoient la dixme ſur toutes les Paroiſ-
ſes d'Onis, & ceux de la Rochelle qui la
nioient, fut ordonné que le Gouuerneut
en iugeroit. Le meſme Roy en Mars 1421.
confirma tous leurs priuileges, & d'abondant pour bien-faict leur donna l'Iſle d'O-
leron pour reſſortir au Siege de la Rochelle. Le Roy Louys XI. confirma auſſi tous
leurs priuileges. Voila comment les Roys
ont fait de gráds biens à cette ville ingrate.

Soubs le Regne de François I. l'an 1541.
ils firent de grandes inſolences contre les
Officiers de la Gabelle, iuſques à en tuer
quelques-vns : ce qui fut cauſe que les gar-
niſons y furent miſes par le Sieur de Iarnac
leur Gouuerneur, qui leur oſta leur artillerie, leurs armes, & les clefs de la ville. Le
Roy retournant de Perpignan s'y achemi-

na, & fit auancer & marcher en ſa compagnie le Capitaine Ludouic Colonnel d'vn Regiment de Lanſquenets, & eſtant entré en la ville ils allerent trouuer le Roy le premier iour de Ianuier au iardin de ſon Hoſtel, pour luy demander publiquement pardon de la rebellion artentée par eux en pluſieurs façons & voyes cõtraires à l'obeyſſance que le ſubiet doit à ſon Prince & Souuerain Seigneur. Là eſtoit le Roy en ſon Throne, & eux à genoux ayans les teſtes nuës, les mains iointes, & les larmes aux yeux, auec ceux des Iſles prochaines, firent faire vne Harangue publique par vn Aduocat auſſi à genoux, auec voix tremlante, piteuſe & lamentable, requerant la clemence du Roy pour auoir perdu ſa bonne grace, & encouru ſon indignation, eſtouffans le renom qu'ils auoient eu par le paſſé d'eſtre fideles & loyaux ſeruiteurs du Roy, où pour lors ils eſtoient à tout le mõde ſpectacle de deſobeyſſance & deſloyauté pour laquelle choſe ils ſupplioient humblement le Roy leur faire miſericorde. Ce mot proferé fut ſuiuy par tout le peuple en general, & ſi pitoyablement, que cette voix tira les larmes des yeux des aſſiſtans, & du Roy meſmes, qui apres vne graue & douce remonſtrance leur pardonna.

Voy toute la Harangue és Memoires de du Bellay, liu. 6

Cette ville changea de Religion, & les habitans de subiets se rendirent (s'il faut ainsi dire) maistres, vingt-sept ans apres, sçauoir en l'an 1568. pour la diuision que semerent les Pretendus Reformez, sur & côtre l'aduis d'Amateur Blandin lors Maire, qui voyant que l'on briguoit pour faire son successeur vn nommé Truchares partisan des Protestans, il en aduertit le Roy, qui luy manda qu'il contretestast cette opinion, ensemble cette election. Il en fait donc nommer deux, & Truchares pour le troisiesme, desquels trois il fait porter les noms à sa Majesté, pour (comme à l'accoustumée) en estre esleu l'vn des trois. Truchares cependant pratique les principaux, en fait priere au S' de Iarnac ancien Gouuerneur de la Rochelle, desia indigné de ce que les Rochelois ne luy en auoient deferé la nomination côme à Lieutenant de Roy & Gouuerneur du pays, ains l'auoient enuoyée directement au Roy: Iceluy Sieur de Iarnac aduertit donc le Roy de la fidelité de Truchares, duquel il estoit partisan, lequel fut receu, & commandé à Blandin de l'instaler, ce qu'il fit, puis se retira soudain en Cour pour aduertir le Roy du châgement qu'il preuoyoit aucuns y brasser si l'on n'y remedioit de bonne heure.

Et de faict quelque Prince & autres Seigneurs malcontents ne se furent si tost iettez en campagne, qu'ils ne fissent (comme asseurez de cette place) pratiquer ledit Truchares Maire, qu'il demandast Saincte Hermine dict la Fa, pour y commander: Saincte Hermine qui estoit dans Orleans, eut commission d'vn Grand qui estoit pour lors à Montigny sur Aube, de s'y acheminer, auec lettres addressantes de sa part audit Maire & Escheuins de la ville, qui receurent ledit de la Fa le 10. Feurier 1568. & en mesme temps ce grand Prince de France, party de Noyers en Bourgongne, passa la Loire à Bony, s'auançant vers la Rochelle, passa à costé de Poictiers où estoit le Mareschal de la Vieuille, & arriua à la Rochelle auec sa femme le 19. Septembre 1568. induit & persuadé de s'y acheminer tant par les Rochelois, que pressé par le S. de Tauannes Gouuerneur de Bourgongne, lequel auoit esté enuoyé par le Roy pour prendre garde au pays.

Partement de la Royne de Nauarre pour venir trouuer les Rochelois, & ioindre leurs forces.

Au mesme temps que ce Prince s'acheminoit à la Rochelle, Ieanne d'Albret Royne de Nauarre, auec Henry de Bourbon son fils, partit de Neracle 6. Septembre, auec trois Regiments, celuy de Piles de vingt-trois Enseignes, celuy de Mon-

taumar de dix, celuy de Sainct Maigrin de
neuf, & huict cornettes de Cauallerie.

Dandelot s'y rendit aussi en mesme téps,
Lauerdin, le Vidame de Chartres, le Comte de Montgommery auec trois cornettes
& cinq Enseignes de gens de pied, Lauerdin quatre cornettes & deux enseignes
d'arquebusiers, Dandelot quatre cornettes
& vne d'arquebusiers à cheual, & quatre de
fantassins.

A la fin de cet an 1568. ladite Royne de
Nauarre estant à Touars, & en apres à
Niort auec son fils & plusieurs Seigneurs,
fut arresté que la vente & alienation des
biens de l'Eglise seroit faicte, & pour cet
effect furent déliurées lettres par elle sous
son nom & celuy des Princes, & de l'Admiral, Dandelot, & autres Chefs, auec ample pouuoir à leurs Commis de s'obliger
à la garentie: & fut procedé à l'execution
auec grande diligence.

Fut par apres leué sur les habitans de la
Rochelle la somme de quatre-vingts mil
liures, lesquels fuyant la iuste authorité du
Roy leur Maistre, se mirent sous plusieurs
Tyrans, qui exigerent d'eux cette somme,
chose qu'ils n'auoient veu faire à aucun
Roy.

La piratterie fut permise en suitte, & sur

Vente & alienation des biens de l'Eglise l'an 1568.

tous iudifferemment, excepté sur les Anglois & Holandois.

En ce mesme temps ils receurent à la
Rochelle six canons, trois milliers de poudre, & grand nombre de boulets, qu'enuoya la Royne d'Angleterre, auec cent
mil Angelots, dont elle fut recompensée
& payée en sel, laines, & metail des cloches
de la Rochelle & des Isles.

Cette alienation & vente des biens de
l'Eglise auoit esté commencée en la Nauarre & au Bearn auant que la Royne Ieanne
en partist.

Chasteau de   Il n'y auoit à la Rochelle Chasteau ny
Vauclair à   forteresse qu'au temps des Anglois, les-
la Rochelle.   quels pour la crainte des Roys de France
y esleuerent le Chasteau surnommé de
Vauclair, duquel se voyent encore quelques vestiges au mesme lieu qu'est la Con-
ciergerie, & tout ioignant la place qu'on
dit encore du Chasteau. Il commandoit
sur le Havre, qui estoit lors de ce costé là,
& tout contre le Chasteau se faisoit l'embarquement des vaisseaux, & la descente
de tout le traffic de la ville. La mer n'auoit
encor pris son cours vers S. Nicolas, Tadon & Netré : mais comme la mer croist
de plus en plus des vases, elle en laisse tant
à ses flus & retirades, & iette tousiours à sa

venuë tant de pierres, grauiers, cailloux, bourbier, limon, & telles autres extremitez de ce grand corps, qu'auec bien peu de peine on luy boucla le paſſage vers la porte des deux Moulins.

De là vint que les habitans de la Rochelle commandez encor par les Anglois, voyans la mer prendre ſon cours plus libre vers S. Nicolas, tranſporterent le Havre de ce coſté, où ils eſleuerent les deux groſſes Tours de la Chaiſne, auec la Tour de la Lanterne, qui furent auec la haute courtine de murailles baſties preſque en meſme temps.

Havre de la Rochelle changé.

La garniſon Angloiſe demeuroit touſjours au Chaſteau, pour tenir en bride les habitás & s'aſſeurer d'eux: & ne ſe peurent tirer du ioug Anglois que ſoubs le Regne de Charles V. peu de temps apres que les Poiĉteuins ſe furent mis en l'obeyſſance dudit Roy Charles V. à l'ayde de Meſſire Bertrand du Gueſclin Conneſtable de France, Iean Regnant eſtant lors Maire à Poiĉtiers, & en l'an 1371. qu'il entra par Pont à Ioubert, comme ſe voit és grandes Chroniques de France de Froiſſart, & en Bouchet Annaliſte de Guyenne. A raiſon de quoy Poiĉtiers & la Rochelle ont preſque meſmes priuileges & de meſme temp.

Reddition du chasteau de la Ro-chelle.

La subtilité dont vserent les Rochelois à se tirer de la seruitude Angloise fut telle: que le Maire voyant le Capitaine du Chasteau homme si ignorant des lettres, que mesmes il ne sçauoit pas lire, de l'aduis du Conseil, se delibera le conuier à disner en sa maison, où il luy communiqua les patentes du Roy d'Angleterre, qui commandoit audit Capitaine, nommé Philippes Manceau, de faire monstre de ses gens, comme aussi audit Maire, nommé Iean Chaudorier ou Chaudrier (il y a encor à la Rochelle la ruë Chaudriere) de faire celle des troupes de la ville. Ledit Manceau adioustant foy aux patentes supposées fait monstre de ses hommes: lors ledit Maire ayant les siens prests, fait saisir le pont du Chasteau, où toutesfois ils n'entrerent pas, car le Capitaine en sortant auoit laissé douze hommes pour la seureté de la place.

La chose vint neantmoins à tel poinct, que soixante hommes auec leur Capitaine qui estoient hors du Chasteau, furent inuestis par deux cens que le Maire auoit mis en embuscade, qui contraignirent le Gouuerneur de rédre la ville libre, à condition que luy & ses gens seroient conduits bagues sauues iusques à Bourdeaux: ce qui fut promis & executé.

Les Ducs de Berry, de Bourgongne, & le Bourbon, freres du Roy, vindrent à Poictiers trouuer le Connestable Bertrand du Guesclin, auquel lieu se trouuerent aussi six des principaux de la Rochelle auec sauf-conduit desdits Seigneurs, qui capitule-rent au nom du Roy pour remettre ladite place en son obeyssance: (ce qui auoit esté par eux accordé fut aussi ratifié par le Roy) à condition qu'il seroit permis aux Roche-lois de battre monnoye, & auoir coins Royaux pour cet effect, & d'estre vnis in-separablement à la Couronne de France: comme aussi leur fut permis d'abattre leur Chasteau, & qu'il n'y en auroit iamais plus.

A quelles *paches la Rochelle se rendit au Roy Char-les V.*

Or il faut noter sur cecy que les Roche-lois ne firent bonne ny seure garde, ny au-cune diligence d'abattre le Chasteau: car és grandes Annales il est fait mention que les Anglois reprindrent la ville & le Cha-steau, & y furent assiegez par les François l'an 1374. là où treues furent faittes entre les vns & les autres iusques au 20. May de ladite année, iour de Pentecoste, par laquel-le treue estoit accordé, que au cas que le Roy d'Angleterre ne fist leuer le siege dans le 21. Aoust de la mesme année, qu'ils se rendroient au Duc d'Anjou frere du Roy: ce qu'ils firent pour la ville, mais le Cha-

steau tenoit encore, dont y eut treves entre le Roy & eux, par laquelle estoit accordé, qu'en cas que le Roy d'Angleterre ou
vn de ses fils ne fissent leuer le siege dans le
8. de Septembre ensuiuant, ils rendroient
le Chasteau audit Duc : le terme arriué, ne
paroissant aucun Anglois, ledit Chasteau
fut rendu, & par apres sur la requeste presentée audit Duc par les habitans, le Chasteau fut desmantelé & ruiné, & n'y en a eu
depuis. Ainsi & pour cette occasion commencerent les principaux priuileges de la
Rochelle. De laquelle vous auez peu remarquer l'origine & progrés, & sa situation
en general. Mais on le comprendra encor
beaucoup mieux par vn plus exaĉt & particulier narré, autrement à peine pourroit-
on comprendre l'assiette & campement de
l'armee Royale, ny les attaquements & defences de part & d'autre, si le dedans & dehors n'estoit plus clairement exposé. Aussi
est-ce chose tres-necessaire en faiĉt de
guerre de recognoistre le plan & contour
d'vne place.

Recit plus particulier du Sit de la Rochelle.

LA ville de la Rochelle est donc de moyenne estendue, fort serrée de maisons, toutes bien garnies d'habitans, & peuplée de grand nombre d'hommes riches, que la continue de la guerre & le changement de la Religion, a rendus tres-soupçonneux & vigilans, & partant tousjours aux armes, esquelles ils s'exercent dés leur bas aage.

La porte de Côngne principale, & plus passante, a de tout temps esté triple, bien fournie de creneaux & machecoulis, de larges & profonds fossez, auec des rauelins suffisants pour defendre.

Mais pource qu'elle ne gardoit pas assez les courtines, & pans des murs de la ville, par le conseil de Scipion Vergano de Gonean, Venitien, Ingenieur, & tres-habile homme en son art, on dressa à costé senestre de la porte vn haut & ample esperó, reuestu de grosses pierres de taille, non toutesfois si grand & auancé de ses murailles, que les courtines en fussent facilement defendues : au reste bon de fossez, & bien

Scipion de
Vergano In-
genieur Ve-
nitien.

B

asseuré de son rampart, que l'on luy a fassi-
né par derriere pour l'artillerie & autres
choses necessaires, auec la sentinelle sur la
pointe d'iceluy.

Trois portes
de Congne.   Ces trois portes de Congne s'entresui-
uoient de droit fil l'vne l'autre ; mais pource que l'experience (maistresse asseurée de
toutes choses) a fait voir le danger de telles portes, mesmement au faict de la retraicte, la premiere fut changée & portée plus
bas sur la main droite pour entrer en ladite
ville.

   Sortant de là pour tirer à dextre, les murailles ne sont droictes, mais fort sinueuses
Tour de en forme de tenailles iusques à la Tour de
Moureilles. Moureilles, qui est haute, & defend tout
ce quartier. Au lieu de cette Tour il y auoit
iadis vne maison qui appartenoit à l'Ab-
baye de Moureilles prés Lusson & saincte
Gemme en Poictou, les Religieux, Abbez
& Conuent de laquelle en firent eschange
auec quelques rentes que les Maire & Escheuins leur donnerent à commodité. Au
lieu de cette maison les Rochelois y basti-
rent ceste Tour 1399. sous Iean de Chillon
Maire de la ville, & sous Hue ou Hugue
Belot 1410. elle fut acheuée auec toutes ses
courtines & tourettes.

   Tout ce quartier n'est employé qu'en

marets & la plus part salans.

Cette Tour est suiuie de la porte S. Nicolas qui meine en Xaintonge, forte d'assiette & de main d'hommes, non moins qu'elle est des marets à gauche, & de la mer qui bat ses murailles à droite, & remplit ses fossez aux grandes marées : dés la porte sainct Nicolas iusqu'à la porte des Moulins c'est toute mer, dont la Tour de la Lanterne fait l'encongneure.

Entre la porte S. Nicolas & la Tour du Havre, dite aussi Tour de S. Nicolas, où de la Chaisne, y a vn Bouleuard dit le Gabus, autrement le Bouleuard des vases à 300. pas de la porte de sainct Nicolas, fondé sur la graue, de l'inuention & modele du mesme Ingenieur, pour flanquer & defendre tout ce costé iusques à la porte & mesme iusques à ladite tour S. Nicolas & à celle de la Lanterne, comme aussi pour empescher l'approche d'vne armée nauale. Cette Tour sainct Nicolas est bien munie & suffisamment pourueuë de poudres, pieces, & toutes sortes d'armes, comme aussi l'autre Tour de la Chaisne, plus petite, mais aussi forte, ainsi nommée à cause qu'on y tend la Chaisne qui est attachée à la Tour de S. Nicolas pour empescher les nauires d'entrer & sortir sans permission du Capitaine

A chacune tour sçauoir de S. Nicolas, de la Chesne, & de la Lãterne il y a vn Capitaine.

gagé de la ville pour garder cette Tour,
& en laquelle il reside ordinairement, &
s'en crée vn de nouueau tous les ans, pour
le dáger que la perte de cette Tour semble
tirer apres soy. Aussi est-ce vn des principaux points de la seureté de la ville que la
garde de ces 2. Tours, tant pource qu'elles commandent sur la mer & dans le Havre, que pource qu'elles sont comme l'Ar-
senac des armes, poudres, munitions & artilleries de la ville.

La mer coule entre ces deux Tours,
& entre dans le Havre, fort large, mais
plus long, net & asseuré. Accommodé
quant au surplus d'vn long quay, beau &
bien estoffé de pierres de taille, auec grosses boucles de fer pour attacher les cables
des Nauires, & tout couuert de grands &
releuez logis, le bas desquels ils nomment
Chais, destiné par les proprietaires à receuoir les marchandises qui se deschar-
gent du Havre.

Les Nauires descendus à la Chaisne, s'ils
ont eu prompte descharge, ils demeurent
au port pour se recalfutrer auec permission
du Maire, ou se mettent sur les vases, ou
la marée venüe, qui ne manque de douze
en douze heures, deux fois le iour, ils se
retirent à Chef de Baye, pour à la premiere

venuë du vent fauorable fairevoile où bon
leur femble.

A cette Tour de la Chaifne prend la mul-
raille de la ville, haute & forte, toute de pierres de taille, & faite en talus, pour mieux
fouftenir les furieufes fecouffes de ce tem-
peftueux & bruyant Ocean. Elle s'eftend de
droite ligne fur la graue iufques à vne autre
tour prefque auffi groffe & de mefme eftof-
fe, nommée la Tour de la Lanterne, ainfi
dite de ce que le Maire y faifoit mettre iadis vn gros cierge allumé en vne lanterne
de pierre d'enuiron fix pieds de diametre,
& percée à iour à fix pans vitrez, pour empefcher le vent d'efteindre le flambeau, le
tout felon les ftatuts politiques de la ville,
& pour feruir d'adreffe & feureté aux Pilo-
tes & mariniers qui feroiët efgarez de leur
route fur la mer, ou qui feroient tallonnez
d'ennemis, ou qui feroient affligez de quelque autre accident. Et pour leur feruir d'a-
uertiffement (ayants relafché) des bancs,
efcueils, afnes, coftes, fables, & autres lieux
dangereux, defquels ils s'efchappent facilement, fors aux tempeftes extraordinaires.

Ou peut eftre cette couftume d'allumer le
Phare a efté oftée par auarice, par pareffe,
& par negligence, ou par crainte qu'elle ap-

*Tour de la
Lanterne.*

portaſt plus de dommage pour la ville que
d'vtilité aux voyageurs.

A cette Tour du Phare à la Rochelle on
laiſſe la graue haûte eſleuee, qui ſert de
bride aux furieuſes courſes des grandes
marées, & tirant à droiĉt l'on tróuue tout
proche la porte des Moulins, bien munie
& fortiſiée de tout temps.

Henry de Bourbõ Roy deNauarre auoit
entrepris de bien fortifier cette place, & y
auoit amené vn Ingenieur nomméRobert
Chinon, qui eſtoit fort ſoupçonné, pour
auoir fortifié Broüage par le commandement du Sieur de Stroſſy & du Baron de la
Garde: il ſe trouua de luy pluſiéurs deſſeins
& modeles imparfaiĉts apres ſon decés,
deſquels Scipion Vergano de Conean Italien s'ayda, entre autres il eſleua vn Bouleuard en forme d'exagone deuát cette porte, qui en a demeuré plus forte. Plus haut à
coſté il auoit dreſſé le fondement & preparatifs d'vn autre en figure de tenaille, d'autant que le premier n'eſtant aſſez auancé,
ne deſcouuroit pas tant qu'il en eſtóit beſoin. Il reueſtit donc celuy là, & le lia auec
le premier, l'accommodant de ſes foſſez
qu'il fit approfondir pour y receuoir plus
d'eaux, ſi bien qu'il a rendu l'auenuë plus
malaiſée à gagner. Tellement que de cette

porte on defend mefme fans l'ayde des
vieilles Tours, lefquelles eftans affez fortes
& rejettées en dehors , les murs gardent
affez la courtine iufques à l'autre bouleuard de la porte neufue, qui pareillement
eft accommodé comme celuy-cy precedét
flanqué de l'vn & de l'autre cofté iufqu'au
Bouleuard nommé de l'Euãgile, lequel eft
plus grand &plus large que tous les autres;
& pour accommoder iceluy ils ont ouuert
les murailles de la ville par le pied afin d'y
enuoyer gens & munitions au befoin & à
couuert.

A prefent c'eft le plus petit.

Depuis ce lieu de la porte du Moulin &
& au deffous ledit bouleuard de l'Euangile
eft la Tour d'Aix qui fait l'encongneure de
la muraille, pourueuë au deffus & deffoubs
de nombre de Tours & les murailles fort
courbes, laquelle Tour eft bonne & forte,
& qui fert auffi de platte-forme à l'artillerie
que l'on y peut braquer, & qui commande
à la campagne deçà & de là iufqu'en Congne.

Cette Tour n'y eft plus à prefent.

Les remparts, terre-plains, plattes-for-
mes, & autres endroits fpacieux, entre les
maifons & murailles de la ville pour y alli-
gner des belles tranchées, n'y manquent
point pour fouftenir les pieces, ou pour
appuyer les foibles murailles, en cas que

l'on vouluſt braquer contre icelles.

Es lieux eſquels l'on a plus redouté pour le peu d'eſpaiſſeur des murailles, à l'oppoſite ils ont auſſi faict de grandes tranchées larges, qui ſont ſouſtenues au derriere de fortes murailles, derriere le parapet deſquelles l'arquebuſier ou piquier ne ſçauroit manquer ſon homme.

Les Marets ſont fort entrecoupez de profonds foſſez, dans leſquels la mer ſe iouë à plaiſir, quand on luy en donne l'ouuerture par l'Eſcluſe, de façon qu'à bien grande peine y peut-on placer le Canon.

Les foſſez de la ville ſont larges, profonds, & fort nets, finiſſants en fonds de cuue, eſcarpez du bas, pourueus au reſte de nombre de caſemates au pied des encogneures de la muraille, qui ſeruent de flãcs auec leurs contr'eſcarpes, eſleuées iuſqu'à la moitié des murailles, qui ne laiſſent que leur parapet à la bouche du Canon, bien pourueuës d'allées & de corridor.

La mer remplit les foſſez és groſſes marées iuſques au de là du Bouleuard de l'Euangile.

Entre Congne & le Bouleuard de l'Euangile, eſtoit l'Egliſe de noſtre Dame de Congne, qui eſtoit ruynée lors du ſiege de l'an 1573. & n'y auoit plus que le clocher

qui commandoit sur toute la campagne, &
seruoit de platte forme & d'eschauguette
pour descouurir tout autour. Voila le plan
de ceste ville telle qu'elle estoit l'an 1570.
& iusqu'au iour du siege susdit estimée *Rochelle clef*
frontiere & l'vne des clefs de France. *de France.*

Reste à monstrer la coste maritime, qui
est ce que l'on dit Canal, amenant les vaisseaux dans la ville de la Rochelle, lequel
Canal vient du grand amas de l'Ocean par
la pointe de Chef de Baye & celle de Coureilles. La pointe de Chef de Baye a esté
iugee plus propre pour y mouiller l'ancre,
y estre à la rade, & à labry des vents, qu'en
aucun autre endroit, esloigné d'vne lieue
commune de la ville.

Ce grand flux d'eau venant de ces deux
pointes se serre & se restrecit en approchant de la ville, contraint par deux costez
de terre qu'ils appellent Pointes, entre lesquelles d'vne fureur impetueuse elle se iette contre les murailles de ladite ville, auec
grand bruit & fracas de cailloux qui battent continuellement le pied de la muraille, de sorte qu'ils sont contraints faire des
batis & grands pieux de bois lacez les vns
aux autres, pour brider la tempeste & sape
ordinaire de ces cailloux, qui en veulent à
ceste ville blanche, ainsi nommée pour

l'occafion de ce que les Anglois (& mefme ceux de Broüage & d'Oleron) voyent blanchir les Rocs voifins de cefte ville.

Il eft befoin de remarquer trois chofes auparauant que de cognoiftre la Baye Rocheloife.

La premiere c'eft le Havre.

La feconde les Vafes.

La troifiefme la Rade,

La Baye (afin de ne rien confondre) eft le coulant d'eau qui coule depuis la pleine mer où radent les nauires, iufques où l'eau vient lecher & lauer les murailles, & dedans le Havre, & iufques à Tadon & S. Nicolas. Et pource que de cette poincte de terre blanche où font les nauires à la rade l'eau s'en va vers la ville, ils l'ont nommée Chef de Baye, comme l'on dit Cap de verd, Cap de bona fperanza, &c.

Mais le vulgaire ignorant, indifcret, & qui corrompt toutes chofes, mefmes celles de fa langue naturelle, a corrompu le mot de Chef de Baye en Ché de bois, à caufe que ces ruftiques & fauuages matelots ont autrefois veu en cet endroit quelque forme de bois taillis : mais ce lieu portoit ce nom cent ans deuant que le bois y fuft, & lors que les proprietaires le cultiuoient.

Le mot auffi de Coups de vagues, a

esté corrompu en Quoue ou Queuë de vache, petit lieu ou maison à deux lieues de
la ville, où y a vn petit canal de mer pour
la descente des moindres vaisseaux, comme Bretons, & autres qui veulent charger
des vins.

Il est besoin de plus exactement representer les trois endroits de la Baye Rocheloise.

Tous nauires indifferemment n'entrent
pas au Havre de la Rochelle, d'autant qu'il
n'est propre que pour les Barques, Remberges, Galliotes, & autres petits vaisseaux
& Nauires de cent cinquante ou deux cens
tonneaux pour le plus: que s'ils passent
deux cens tonneaux, il faut attendre le
gros de l'eau, & les grandes marées. Il s'y
voit toutefois des Hurques, & tels autres
vaisseaux du Nort dedans le havre, de trois
cens, trois cens cinquante, mesme iusques
à quatre cens tonneaux: mais cela vient de
la façon des vaisseaux qui ayans le fonds
large & s'eslargissans tout à coup depuis la
Quille ou Carene du bas, ne tiennent la
moitié tant profond que nos Nauires Frã-
çois, ny les autres mesmes qui tirent trois
brasses, plustost que ces gros Nauires deux;
aussi ne sont ils pas si friands de la voile que
ceux des nostres, mais plus durs & plus as-

*Quels vais-
seaux entrẽt
au Havre de
la Rochelle.*

seurez contre les flots & vagues que ceux
cy.

Les vaisseaux qui ont fait la descharge, ou
qui ne font rien en ville, sortent, la Chaisne
estant baissée, sinon qu'ils attendent le
temps ou la marée sur les vases: car ils sont
là parez. Les vases sont ce que la mer s'en
retournât laisse à descouuert hors la ville.
Peu de Nauires demeurent sur les vases,
s'ils ne sont prests d'y entrer y attendans la
marée ou la chaisne à baisser, ou le vent à
faire voile en pleine mer; & ceux qui veulent estre en plus de seureté entrent au
Havre, à cause que la rade & toute la Baye
est suibette au vent d'aual, nommément de
Siroest ou Sudoest, vent impetueux, mesmement en hyuer, ny la rade ny les vases
ne les sçauroient sauuer de perte.

La rade est depuis l'entredeux des Pointes iusques contre la Pointe de Ré, & le
large de là à la veuë de Ré, & de Chef de
Baye. Elle est ouuerte aux vents d'aual; occasion que les Nauires leuent l'ancre aussi
tost qu'ils preuoyent le temps orageux, &
vont à la Palice pour y prendre l'abry de
Ré qui les garentit de ces vents.

La Palice est vne autre rade à l'abry de
Ré à vne lieuë de la ville, belle & plaisante
au trafic de la mer, si les Rochelois eussent

oulu permettre d'y baſtir par ceux qui venoient du Peru, des Aſſorés, des Canaries,
& autres routes d'Eſpagne ou Portugal.

Toute la Baye & la muraille de la ville
regarde droictement Eſt Oeſt; ſi bien que
comme i'ay dit cy deſſus, elle ne craint aucun vent que les vents d'aual, qui ſont par
fois ſi grands qu'ils ſuſcitent de merueil-
leux orages, & ont cauſé des naufrages
pitoyables.

La ville eſt diuiſee en huict quartiers ou
quantons, & y a huict Capitaines ayant
chacun leur Compagnie, les veufues & autres perſonnes ſuffiſantes fourniſſent de
gens pour la garde. Chacune Compagnie
lors du ſiege de 1573. eſtoit de 200. hommes habitans, & pluſieurs durant le ſiege
ont logé des Soldats forains, payé les em-
prunts, & ſatisfait aux autres charges de la
ville. Outre ces huict compagnies y eſt encore celle du Maire, qui eſt la plus belle de
toutes, compoſée de centumvirs ou cent
hommes, & de ceux qui demeurent prés
de luy qu'on appelle la Barriere du Maire,
leſquels doiuent luy tenir eſcorte lors
qu'il les mande, ſoit iour, ſoit nuict.

Voyla que c'eſt de la Rochelle, ſon circuit & lieux circonuoiſins.

RECIT VERITABLE
DV SIECE DE LA ROCHELLE
sous le Regne de Charles IX.

LE Roy Tres-Chrestien Charles IX. à l'issue de la bourasque & tempeste du 24. Aoust 1572. fit commandement à tous ses Lieutenans & Gouuerneurs de ses Prouinces de se ranger en leurs Gouuernemens & Lieutenances, afin d'empescher les desordres qui pourroient arriuer dans le Royaume.

Pour cet effect le Sieur de Biron pour se tenir obeyssant à la volonté du Roy, partit tost apres pour s'en aller en son Gouuernement de la Rochelle : auquel lieu estant arriué, l'entrée d'icelle ville luy fut refusée par les Maire, Escheuins, bourgeois & habitans, à la persuasion de plusieurs estrangers, Anglois, Escossois, François & autres refugiez, luy disant qu'il n'y entreroit auec ses compagnies.

Ledit Sieur voyant que pour chose qu'il leur remonstrast, & pour asseurance qu'il

eur promist de la bonne volonté du Roy,
ls ne le vouloient receuoir, s'en retourna
pour en aduertir sa Majesté.

Le Roy sur cette nouuelle de desobeyssance & rebellion des Rochelois, ne voulut toutesfois y proceder que par douceur,
& non par force : & pour cette cause commanda au Sieur du Viegean qui estoit de
leur Religion, de s'y acheminer, estimant
qu'ils prendroient en bonne part ce que ledit Sieur leur diroit, & pour les asseurer
d'abondant de sa droicte affection, & du
desir qu'il auoit de les maintenir en bonne
paix, & qu'ils eussent à receuoir ledit Sieur
de Biron pour leur Gouuerneur, conformément au mandement qu'il auoit de sa
Majesté.

Ledit Sieur du Vigean s'y achemina, leur
mit deuant les yeux le danger auquel ils se
mettoient de contreuenir à la volonté du
Roy, qui les vouloit entretenir en bonne
paix, les prioit y tendre, tant pour leur profit que de tout le public ; que l'exercice de
la Religion y seroit comme à l'accoustumée : mais que s'ils estoient si temeraires
que de ne vouloir obeyr au Roy leur Souuerain, Maistre & Seigneur, qu'il n'y auoit
estranger retiré là dedans, ny remparts, ny
bastions, qui les peussent garder d'estre pu-

nis comme rebelles, & criminels de leze-
Majesté.

Cette remonstrance faicte, les Rochelois n'en firent estat. Ce que voyant ledit
Sieur du Vigean prit congé d'eux, pour
s'en aller porter au Roy nouuelles de leur
Rebellion: mais il fut tost poursuiuy par
les Rochelois, Anglois, & autres refugiez,
qui le chargerent furieusement à coups de
coutelas, de sorte que s'il n'eust esté monté
à l'auantage il eust couru fortune de la vie:
il fut toutesfois fort blessé, de ses gens tuez
& son bagage pris.

Sa Majesté informée d'vn si meschant
acte, ne voulut encor mettre sa Iustice &
sa force contre eux, veu le bruit qui cou-
roit que les esträgers & non autres auoient
faict cet affaire, si est-ce qu'il en fut fort indigné, non sans cause.

Le Roy delibera donc d'y enuoyer le
Sieur de la Noue, arriué de Flandres depuis peu, lequel auoit commandé en ceste
ville lors du second & troisiesme troubles,
auquel il declara amplement sa volonté
auec charge de la leur faire sçauoir.

Ledit Sieur arriué en ville declare la volonté de sa Majesté en l'Escheuinage, pre-
sents les Maire, Escheuins, Bourgeois &
autres Gentilshommes estrangers. Entre
autres

autres choses il leur representa: *Que le Roy
y faisoit approcher toutes ses forces, tant par mer
que par terre, Qu'ils ne pouuoient ny ne deuoiët
esperer de secours de leurs alliez, d'autant que
les François qui auoient esté pour secourir le
Prince d'Orange, & le Comte Ludouic de Nan-
sau, se trouuoient mal montez en Hainaut, où
luy mesme auoit esté prisonnier, & fut enuoyé au
Roy; Que le Roy n'estoit en volonté de destruire
vne telle ville; Qu'il n'y auoit que Dieu qui
sceust empescher le Roy de les punir, au cas qu'ils
s'opiniastrassent en leur felonnie; Que le Roy les
vouloit maintenir en leurs priuileges, pour en
iouyr sans modification ny alteration aucune,
soit pour le faict de la police, garde de la ville,
trafic, & qualitez des enfans, & posterité de
ceux des corps d'icelle; Que Monsieur de Biron
y entreroit auec sa Compagnie & garde suffisan-
te pour le Chasteau, la Tour de la Chaisne, &
celle du Garrot, leur offrant le Gouuerneur qu'ils
auoient demandé, ou autre qu'ils aduiseroient,
pourueu qu'il fust homme signalé & suffisant
pour telle & si importante charge; Que le Gouuerneur arriué en ville ne feroit desplaisir à aucun, pour quelque occasion que ce fust, quoy que
plusieurs disent en estre en doute & crainte à
cette occasion; Que ceux qui se voudroient retirer en Angleterre & Pays-bas, & villes maritimes, il leur baillera saufconduit, & du costé de*

C

l'Allemagne auſſi, en fin par tout, ſoit par mer
ou par terre, & iuſques à ce qu'ils ſoient arriue.
en ſeureté où ils voudroient aller; Qu'il n'entre
ra en la Rochelle iuſques à ce qu'ils ſoient arri
uez en ſeureté, Promettant à ceux qui ont de.
Eſtats, Offices & Bourgeoiſies qu'ils auront de
laiſſé, de les receuoir dans deux ans, en foy d.
Roy, qu'il leur iuroit, & comme ils auoient eſt.
auparauant, afin qu'ils eſpreuuaſſent ſi vn Eſta.
eſtranger les traitteroit mieux que leur Princ.
& legitime Roy, comme auſſi mettroit-il en ou-
bly tout le paſſé, tant pour les eſtrangers que pour
ceux de la ville; Que ceux qui demeureront vo-
lontairement auront l'exercice libre de leur Religion Pretenduë en deux lieux dedans la ville,
moyennant qu'ils baſtiſſent vne Egliſe & vn
Temple iuſques à la ſomme de douze mil liures
dans vn an, pour les Catholiques; Que toutes
perſonnes qui ſe ſont habituez dans la Rochelle
depuis l'an 1567. & deſquels ſera fait ſoigneuſe
recherche par le Gouuerneur, vuideront la ville;
Ne pourrõt demeurer dans ladite ville que trois
Miniſtres, que les habitans nommeront au Gouuerneur, & tous les autres ſe retireront où bon
leur ſembleroit; Que s'il y auoit des cœurs ſi deſ-
loyaux qui ſe vouluſſent marquer de la Croix
rouge, qu'ils regardaſſent quel ioug & quelle
ſeruitude ils s'impoſoient, & qu'ils ne ſçauroient
èſtre tant mal traittez, eſtans forcez d'aſſauts,

qu'ils pourroient estre des estrangers ennemis de
la Couronne, & si n'en pourroient estre secourus,
aussi qu'ils ne le sçauroient, & ne le voudroient
faire; Qu'ils n'ignoroient point les forces du
Roy sur la mer; Que le Roy d'Espagne & de
Portugal, les Normans & les Bretons ont plus
de cent quarante vaisseaux armez : Qu'en ce
qui est de la terre, Que toute la France crioit
contre eux & s'armoit, entre autres leurs pauures voisins, qui en ont plus iuste occasion, qui se
voyent pillez, saccagez, mangez & destruits
par la Gendarmerie, & les tiennent pour estre le
suiet & l'occasion de leurs miseres ; Que s'ils reçoiuent benignement les offres & conditions du
Roy, ils en seroient loüez, & estimez fideles subiets, iouyssans de la paix & ancien repos; Que le
Roy faisoit acte enuers eux qu'il n'eust faict
qu'aux plus releuez de la terre, & qu'il trouuoit
fort dur (estant Roy tel qu'il estoit) d'estre traitté
de la façon par ses subiets, leur voulant par là
monstrer qu'il vsoit enuers eux comme vn
Prince plein de misericorde & douceur.

Cette Harangue fut prononcée le Ieudy
26. Nouembre 1572.

Le Sieur de la Nouhe ayant finy son am-
bassade & legation, le conseil ayant esté
assemblé pour sa response ; il fut par quelques vns opiné que le Roy faisoit offre raisonnable, iuste, & nullement à refuser : La

pluſpart eſtoient d'opinion que l'on deuoit obeïr au Roy, & l'euſt on fait ſans les
Miniſtres & autres eſtrangers, qui les en
diuertirent. Ioint qu'ils eſtoient tous reſolus de ne ſouffrir aucune garniſon Royale.

Sur ce le Sieur de la Noue ayant aduerty le Roy de leur volonté, ſa Majeſté con-
noiſſant leur obſtination & malice, ſe delibera les auoir à quelque prix que ce fuſt;
Et pour cet effect de toutes parts furent
mandez hommes & Chefs, comme il ſe
dira cy apres.

Rochelois ſerrent tous les fruicts.

Les Rochelois ſerrerent tous les fruicts
(ſe voyant preſts d'eſtre aſſiegez) ſpecialement les vins, & enleuerent tout ce qu'ils
peurent de Poictou, Onis, & Xainctonge.

Font tout mãger aux Soldats ſur la terre du Gouuerne-ment.

Logerent & firent le departement de
tous les refugiez & bannis de leur Religió
ſur les terres du Gouuernement d'Onis,
pour leur faire faire tout le degaſt qui ſe
pourroit, afin que l'armée Royale fuſt en
diſette, puis retirerent leurs gens à l'abord
du Mareſchal de Biron, & les mirent dans
la ville pour y eſtre nourris ſelon les
moyens du maiſtre où ils ſeroient logez.

Inuitent leurs alliez.

Aduertirent tous leurs confederez du
Quercy, du Languedoc, & ceux qui
auoient ſauué leur peau en Angleterre.

Le Roy auoit commandé dés le mois de

Septembre au Mareschal de Biron, Comte du Lude, & autres chefs, de faire la plus
grande leuée d'hommes qu'ils pourroient,
faire le degaſt tout autour, ſe ſaiſir des Iſles
Maritimes de Xainctonge & Poictou,
comme Marenne, Broüage, Soubize, Oleron & Marans, puis prendre la rade à Chef
de Baye pour là fermer le paſſage à tous
ceux qui voudroient entrer par vaiſſeau en
la Rochelle, où en ſortir pour s'en aller
ailleurs.

L'armée de Mer qui s'eſtoit dreſſée di-
minua, parce qu'elle eſtoit compoſée de
toutes ſortes de perſonnes tant Catholiques qu'Huguenots de tous eſtats & conditions, Seigneurs, Gentils hommes, Capitaines, Soldats, Mariniers & Matelots,
la pluſpart deſquels eſtoient Huguenots,
leſquels ſe retirerét à la Rochelle aux mois
d'Aouſt, Septembre, & Octobre.

Entre leſquels y eut bien 50. Gentils-
hommes, 55. Miniſtres, & quinze cens Soldats, plus de la moitié de Poictou, Xaintonge, & Onis. Comme auſſi quelques
Soldats de Paris, Orleans, Tours, Bordeaux, & autres lieux.

Les Rochelois auoient mis à la rade de
Chef de Baye vn tres-bon & tres-fort Nauire nommé le Prince, qui appartenoit

Le Roy fit ſaiſir les Iſles tout autour de la Rochel-le.

Nauire en ſentinelle à Chef de Baye.

aux heritiers du feu Baron de Piles , par le
don que luy en auoit fait la Royne de Nauarre pour les bons & agreables feruices
qu'il luy auoit rendu. Auquel, premier
qu'il allaft à Paris à la Sainct Berthele-
my il auoit laiffé le Capitaine Prouençal,
pour chef, & pour y chercher fa fortune
fur Mer, lequel eftoit lors de retour de
fes voyages, où il auoit fait grand & mer-
ueilleux profit.

Le Roy defireux de tenir cette place en
fon obeiffance vouloit y eftablir le Marefchal de Birõ, pource qu'on l'eftimoit auoir
fauué les Huguenots en l'Arfenac lors des
Matines Parifiennes : & pour cette caufe
croyoit que tous les Rochelois , ou vne
bonne partie d'iceux luy obeyroient pluftoft.

Cependant il y eut plufieurs lettres enuoyées du Roy aux Rochelois , de Monfieur de Biron, de Monfieur frere du Roy,
de la Royne Mere, de Mõfieur de Stroffy,
du Baron de la Garde , & mefmes du Roy
de Nauarre, & refponfe des Rochelois,
tant au Roy qu'aux autres Seigneurs Roy
de Nauarre, Monfieur, la Royne & autres
Princes qui leur refcriuirent: mais leur refponfe fut toufiours douteufe & equiuo-
que, & fe fortifierent; cependant ils efcri-

uirent auſſi en Angleterre au Comte de
Mont-gommery, & au Pays bas à la Nouë
& au Vidame de Chartres.

Le 8. Nouembre ils reſolurent de regagner l'Iſle de Ré tres-importante à la Rochelle, ils firent ſortir quatre Nauires, &
pluſieurs petites chalupes ſur le ſoir, qui at-
taquerent deux Galeres, en l'vne deſquelles nommée la Fieſque eſtoient deux In-
genieurs du Roy, l'vn nommé Auguſtin,
qui eſtoit Peintre de Monſieur, en faueur
duquel le Baron de la Garde eſcriuit aux
Rochelois, l'autre Greguet Ingenieur, leſquels ſondoient la profondeur & largeur
du Canal afin d'y mettre la grande Carraque pour empeſcher l'entrée & ſortie de
la Rochelle. La Fieſque fut priſe, l'autre
Galere du Comte de Rets ſe ſauua en Ré.

Dés le 13. Decembre le Mareſchal de
Biron accompagné de grandes forces vint
loger à Sainct Sandre, beau Bourg à vne
lieuë de la Ville, puis le lendemain alla au
village de la Fons pour caſſer les Canaux
des Fontaines qui viennent de trois ſour-
ces dudit village en trois canaux, & vont à
la Fontaine du Pilory, de Nauarre, des petits bancs, & d'autres endroits; là on ſe
batit furieuſement de part & d'autre.

Le Sieur de Stroſſy Colonnel general

Iſle de Ré
tres-impor-
tante à la
Rochelle.

C iiij

de l'Infanterie des vieilles bandes , arriua à
Pilleboyreau & s'y logea , puis six Enſeignes du Regiment de Goas ſe logerent à
Rouſſel , & ſe retrancherent toſt auec fortes barriquades ſur les tranchées , de peur
des ſorties de la Cauallerie de la Rochelle.
Cependant les troupes s'y rendoient de
toutes parts , & amenoit-on de Paris ſoixante pieces d'artillerie , tant de batterie
que couleurines.

Les Rochelois firent pendre la Dauie , à
cauſe de la ſurpriſe de quelques lettres aux
portes.

Le Sieur Brueil vint trouuer le Sieur de
Stroſſy , qui luy donna la charge d'vne
Compagnie : Guymeniere auſſi auec ſa
Compagnie.

Le 16 dudit mois Boiſſeau Capitaine de
la ville fut furieuſement attaqué par des
Pataches de Monſieur de Lanſac ſur les
vaſes , où le Gendarme Lieutenant de Boiſſeau auec deux autres ſe ietterent en la mer
& ſe noyerent.

Le Sieur de Biron Gouuerneur ſuſdit &
Maiſtre de l'Artillerie , faiſoit en grande
diligence faire mantelets , eſchelles & gabions , & toutes choſes neceſſaires pour
attaquer vne place.

Le 24. Decembre à huict heures du ſoir

ceux de l'armée Royale chargerent les soldats de la ville qui eſtoient à quatre moulins à vent, & s'amuſoient à debattre à qui
des premiers auroient de la farine, leſquels
n'ayant pas mis de ſentinelle, il en fut tué
bon nombre, les farines priſes, & le feu mis
aux moulins.

Le 30. ils deſpeſcherent en Angleterre
vers le Vidame de Chartres, Montgommery & leurs Deputez, tant pour ſçauoir
de leurs nouuelles, que pour les prier de ſecours, & les aduertir du peu de garde qui
ſe faiſoit à Chef de Baye.

Le 4. Ianuier 1573. les Rochelois receurent aduis que le Mareſchal de Biron auoit
receu ſoixante pieces de Canon, dont il y
en auoit trente ſix gros, & vn double Canon qu'on nommoit Mitaine, parce qu'on
diſoit que la Rochelle ne ſe prendroit ſans
Mitaine, c'eſt à dire ſans piqueure & eſgra-
tigneure; il y auoit auſſi vne autre piece
de Canon nommée la Frezaye, à cauſe
qu'elle rendoit vn bruit plus horrible &
eſpouuantable que les autres, rapportant
au cry que fait cet oyſeau noƈturne, preſa-
ge de mort & carnage.

Canõ nom-
mée Mitai-
ne.

Le Capitaine S. Martin arriua à Pilleboyreau auec huiƈt cens hommes leſtes &
en bon eſtat, leſquels il faiſoit fort bon

voir, tant ils eſtoient en bon ordre. Le Sr
de Stroſſy prit dés le ſoir nombre d'arquebuſiers de chaque Compagnie, auec trois
couleurines, & canonna toute la nuiĉt le
moulin à vent de la Brande, lequel fut rompu: il eſtoit à trois cens pas de la contr'eſ-
carpe. Le Capitaine Normand auoit demandé ce moulin pour le garder, lequel ſe
mit toutesfois à la fuitte ; & le moulin gai-
gné, Monſieur de Stroſſy commanda au
Capitaine S. Martin de le garder ſoigneu-
ſement, & fut nommé le Fort de S. Martin.

Le 8. Ianuier Monſieur de Biron reſcriuit aux Rochelois, leur voulant faire entendre la reſolution du Roy, par la bouche
de l'Abbé de Guadaigne: ce qu'ils refuſe-
rent d'ouyr, ny reſpondre que par eſcrit.
Il recharge par eſcrit le 10. dudit mois, ils
font la meſme reſponſe qu'au precedent.

Dés le lendemain il fut fait defénce par
les aſſiegez de plus faire ſorties ny eſcar-
mouches de quatre iours pour le plus ;
neantmoins deux ſoldats deſcendirent par
vne longue eſchelle au foſſé par le Bouleuard de l'Euangile, & paſſerent la contr'eſ-
carpe, où ils furent accueillis & l'vn d'eux
tué. Ce qui donna l'allarme, & fir que la
Noue ſortit au ſecours d'autres qui les
auoient ſuiuis, & eſtoient engagez vers la

Fons, où furent tuez enuiron quatre de la ville, & vingt de bleſſez, & pris de ceux du Roy la Salle & le Fouilloux.

Le 15. Ianuier le ſieur du Gas Colonnel d'vn Regiment des vieilles bandes, arriua à Neſtré ſon quartier, qu'il trouua tout en feu ; car les Rochelois aduertis qu'il deuoit loger là, firent vne ſortie, & mirent le feu en plus de quarante maiſons, de ſorte qu'il falut que tous ſes gens ſe tinſſent à l'erte tout le matin.

Le meſme iour 15. Ianuier l'Abbé de Guadaigne reſcriuit à la Noue pour parler à luy de la part du Roy, & qu'il s'y trouueroit des habitans de la Rochelle ceux qu'ils aduiſeroient. La reſponſe fut faicte comme auparauant.

Le Roy leur eſcriuoit cette lettre.

Chers & bien-aimez, nous enuoyons le Sieur de Guadaigne vers vous, pour vous faire entendre noſtre intention ſur la lettre que vous auez eſcrite du quatorzieſme de ce mois. Vous le croirez comme ſi c'eſtoit nous meſmes. Eſcrit à Paris le 6. de Decembre 1572.

Le Maire auoit conduit iuſqu'alors, mais d'autant qu'il ne pouuoit mettre ordre aux affaires qui croiſſoient de iour en iour, la Noue du commun conſentement de tous fut faict Chef general pour la Gendarmerie foraine, sans diminution des droicts du Maire.

Or la ville estoit desia diuisée en deux factions, l'vne pour le Comte de Mont-gommery qu'ils attendoient, & l'autre en faueur de la Nouë, duquel la charge limi-tée n'estoit qu'vne table d'attente. Les partisans de Montgommery ne tendoient qu'à la guerre : La Nouë & nombre d'autres Gentilhommes habitans & refugiez en la ville, pretendoient mieux maintenir leurs Confederez François par la paix, que le Roy & Monsieur iuroient & promettoient d'entretenir inuiolable.

Le Sieur de Biron receut lettre des Rochelois, lesquels luy donnoient aduis d'auoir veu la lettre du Roy. A quoy il fit cette responce : *Qu'il auoit regret de ce qu'ils re-fusoient le Sieur de Guadaigne, qui leur vouloit faire entendre la bonne grace & benignité du Roy : Mais que plus on pensoit s'employer à faire quelque chose pour eux plus ils se reculoient, & qu'il se faschoit grandement de voir ainsi tant indignement traicter le Roy par ses subiets, plus que si c'estoit par ennemis estrangers ; que de leur enuoyer par escrit ce que le Sieur de Guadaigne auoit à dire de la part du Roy, cela ne se deuoit iamais faire ny demãder d'eux, sinon lors qu'ils auroient satisfait au commandement qu'il auoit*

Lettre du Mareschal de Biron à la Rochelle.

*e parler à eux, qu'il laisseroit volontiers par
scrit, qui estoit le moyen d'estre deliurez du siege
dont ils estoient si pressez qu'ils mandoient, &
croient: Et sur ce se recommandoit à eux. Escrit
u Camp deuant la ville de la Rochelle le 25.
anuier 1573.*

Le 27. Ianuier Languillier & Mereau l'vn
des Bourgeois du Conseil, qui auoit procuration & suffisantes instructions, partirent la nuict en la Galliote du Sauuage, sans
estre descouuerts, bien qu'il y eust le Baron
de la Garde qui faisoit mauuaise garde, encore qu'il eust trois grands Nauires, cinq
Galleres, & vingt deux Pataches; puis firent voile en Angleterre.

Le 29. Ianuier font escarmouche à Tadon, le lendemain les Pionniers & plusieurs gens tant de cheual que de pied parurent à la poincte de Coureilles, & les Rochelois furent à l'escarmouche à Ronsay,
mais ils se retirerent bien tost. Là fut des-
seigné & fait vn Fort à la Poincte de Coureilles, où l'on mit trois pieces de canon
pour enfondrer les vaisseaux qui voudroient entrer vers la Rochelle, & vn autre Fort fut faict à la Poincte de Chef de
Baye pour le mesme sujet.

Le troisiesme Feurier, iour de Caresme-
prenant, la Noue auec vingt-cinq cheuaux

& nombre de gens de pied, ſortit vers Tadon pour attirer à l'eſcarmouche quelques vns du Camp qui eſtoient logez à la Courbe & à la maiſon de Coureilles : il fit auſſi ſortir deux Gallions ayant chacun deux berches en proue, pour donner au Fort de Coureilles, & ſe battirent de part & d'autre furieuſement: mais les Rochelois ſe retirerent voyant le ſecours venir de Neſtré.

Ce meſme iour les Galleres amenerent de Brouage à Chef de Baye vn grand vaiſſeau qu'on nommoit la Carraque, priſe ſur les Venitiens aux troiſieſmes troubles de France par les Proteſtants, elle eſtoit alors ſans maſt & deſpourueue d'equipage, & n'y auoit que le corps qui eſtoit d'enuiron huiƈt cens tonneaux.

Monſieur frere du Roy reſcrit aux Rochelois, en particulier à la Noue. Voicy ſa lettre.

Monſieur de la Nouë, le Seigneur de Biron m'a fait entendre ce que luy auez mandé. Sur quoy ie vous veux bien aduertir qu'eſtant iſſu de la maiſon dont ie ſuis, & ſi proche du Roy Monſeigneur & frere, que outre l'honneur qu'il m'a faiƈt de me donner la charge de l'armée, ie n'ay iamais eu ny n'auray autre volonté que la conſeruation de ſes bons ſubiets. N'y a rien de quoy ie ſois plus marry que voir reſpandre le ſang de

ceux que ie voudrois sauuer, se remettant au
deuoir & obeyssance que les subiets doiuët à leur
Prince naturel & souuerain Seigneur. A ceste
cause estant sur mon partement, pour m'acheminer au Camp, où ie seray dans trois iours, ie vous
ay bien voulu rescrire la presente, laquelle seruira tant pour vous, que pour tous ceux de ladite
ville; Pour vous asseurer que recognoissans le
Roy comme vrais & bons subiets, remettans ladite ville en son obeissance, & entre mes mains,
ie vous promets toute asseurance de leurs biens
& vies, sans qu'il leur soit fait aucun tort ny
desplaisir ny mal, & qu'ils seront entierement
conseruez: autrement si dedãs le iour mesme que
ie seray arriué là, vous n'y auez satisfait, ie suis
resolu auec toutes les forces que i'ay & celles qui
viendront encores d'assieger la ville, sans y perdre vne seule minute de temps, & la prendre de
force, & de faire tel chastiment & punition, que
tous ceux qui s'y trouueront seruiront d'exemple
à tous autres. Priant Dieu sur ce, Monsieur de
la Noue, vous auoir en sa saincte garde. Escrit à
Sainct Maixant le 2. Feurier 1573. Signé,
Vostre amy HENRY. Et au dessous, *A Mon-*
sieur de la Noue.

De là Monsieur s'achemine à Niort, ce
qu'estant ouy par les Rochelois firent ha- *Diligence*
des Roche-
lois.
ster les fortifications, & crier que tous
deux fois le iour allassent à la hotte, sur pei-

ne de dix li r s d'amende pour la premiere
fois,& confiscation de biens pour la feconde.

Le Capitaine Sainct Martin auoit vn Capitaine de fon Regiment, nommé la Porte qui chargeant les Pionniers de la Rochelle ainfi qu'ils alloient querir des fefcines aux plus proches endroits de la ville,fous la códuitte de Fief-Moreau leur Capitaine, fe laiffa prendre en tefte par le Capitaine Normand, & en queuë par la Nouë, qui luy tuerent nombre de fes gens, & les autres qu'ils prindrent prifonniers, ils les enuoyerent au Magafin, la Porte fe retira à Fetilly, où foudain vindrent quatre vingts Cheuaux: mais c'eftoit ja faict.

La grande Carraque. Ce mefme iour la Carraque fut amenée de Broüage, par deux Galleres, conduitte par le Baron de la Garde, entre les deux Pointes de Chef de Baye,& de Coureilles, & fi prés de la ville, que les Canons pouuoient facilemét donner en tous endroits de la Rochelle. Ce vaiffeau fut percé & enfondré dans la mer, & vafes ,tellement chargé de pierres, qu'ils l'accommoderent en forme de Fort & Plate forme, pour feruir tant de corps de garde, & y boucher l'auenuë de la mer,que pour battre en ruine & incommmoder les affiegez:& fit auffi

faire

aire vn Fort en forme d'esperon, de la hau-
eur d'vne pique, de terreplains, & le nom-
ma le Fort de l'Esguille, à cette occasion les
ssiegez la nuict ensuiunat entreprindrent
le faire telles approches de ce vaisseau
qu'ils y peussent mettre le feu auec bois,
paille, gouildrons, & autres artifices qu'ils
porterent à cest effet, ils estoient bien qua-
re vingts rondaches: mais le Nauire estant
ort chargé de mousse & petoncle, & ne
pouuant estre bruslé, ioint que la Marée ar-
iua, les Rochelois furent contraints de se
etirer, outre que le Fort de l'Esguille leur
deslascha force cannonades.

Le dix-huictiesme iour les Catholiques
amenerent plusieurs moyens & petits vaisseaux qu'ils enfondrerent deçà & delà la
Carraque, tirant de terre à autre, si fort
iez & bien vnis les vns aux autres, que les
vents, ny les Marées n'eussent sçeu endom-
mager cette chaisne de Nauires, qu'ils
nommerent la Pallissade, tirée depuis le
Fort de Port-neuf en ligne directe iusques à l'autre bord, n'y laissant qu'vne passée pour leur commodité.

En ce temps plusieurs du Camp furent
veus passer & trauerser à pied & à cheual
ce destroit de mer, & cheminer sur les va-
es d'vne Pointe à l'autre: Chose dont les

D

plus anciens de la Rochelle n'auoient
veu ny ouy parler iusques à ce iour; dont
il ne se faut estonner, d'autant que la mer
emmeine tousiours par succession de téps
force vases, & autres vilennies auec soy,
qu'elle laisse en s'en retournât qui est cause
que le Havre hausse de vases, sur lesquelles
l'on peut aller à morte marée, quand le
courant est retiré, mais non en pleine Lune
& grande marée.

Deux autres Forts furent dressez, l'vn à
Port neuf prés la mer, l'autre à la Mothe
sainct Michel qui est entre ce port & le village sainct Maurice : les Soldats desquels
Forts qui assistoient leurs pionniers, allerent donner iusques à la Cordrie, maison
distante d'vne arquebusade de la porte
des deux Moulins, qui fit retirer ceux de la
ville, mais le canon fut lasché sur les Catholiques, qui se retirants furent chargez
par la cauallerie de la Noue, & la Noue re-
chargé par l'armée bien asprement, ioint
la perte qu'il fit par le moyen des pieces de
la Carraque qui donnoient dans la Porte
des deux Moulins sur l'arene de la mer,
toute couuerte de cailloux, le nombre desquels rejallissants en tua & blessa plusieurs;
& deslors ils resolurent de ne plus faire sorties par cette Porte.

Monsieur estant à Mauzé, bourg distant de quatre lieues de la Rochelle, leur escriuit vne lettre de presque pareille substance que la premiere, à laquelle ils firent vne response douteuse & pleine d'ambiguitez.

Le 12. Feurier Monsieur le Duc d'Anjou frere du Roy, qui estoit party de Paris le 10. Ianuier, arriua au Camp, assisté de Monsieur le Duc d'Alençon son frere, du Roy de Nauarre, Prince de Condé, Ducs de Montpensier & Prince Dauphin son fils, de Longueuille, de Bouillon, de Guyse, d'Aumale & de Neuers, du Marquis de Mayenne, des Mareschaux de Cossé, de Rets, de Biron, Comte de la Rochefoucaud, Chauigny, Monluc, la Valette, Mauleurier, Fr. gaillard, Clermont, du Gas, Cosseins, & plusieurs autres.

Et pour recognoistre la ville en approcha si prés vers Congne, pour voir les defences, qu'vn Sergent planta sa hallebarde sur la contr'escarpe du fossé : & à la mesme heure ceux de Sainct Sandré tirerent vingt neuf coups de canon & couleurines pour sa venue.

Ce iour les assiegez se trouuerent fort clairs à leurs Gardes pour recognoistre cette venue, dont plusieurs furent blasmez.

Pendant cela & le mesme iour Monsieur

D ij

eut aduis que le Baron de la Garde auoit laiſſé paſſer ſix Nauires pour le ſecours de la Rochelle, dont il fut conſtitué priſon-nier.

Quartier des Princes.

Monſieur d'Anjou, Monſieur d'Alen-çon, le Roy de Nauarre, les Princes de Condé, & Dauphin, Ducs de Guyſe, d'Au-male, de Longueuille, de Bouillon, de Ne-uers, Comte de la Rochefoucaud, le Grand Prieur de France, & pluſieurs autres loge-rent à Nieuil, à vne lieue de la Rochelle.

Le Capitaine Marant commandant à deux petits vaiſſeaux qu'il auoit ſorty du Havre de la Rochelle, auec pluſieurs qui auoient pris la route d'Angleterre, pilloit tout, & meſme ceux de ſon party qui me-noient viures aux villes Catholiques, & auoit faict quatre priſes: & ayant eſpié le vent fauorable & la feneſtre d'entre les vaiſſeaux, ioint le peu de garde que fai-ſoient ceux des Forts de Coureilles & Port neuf auec la Carraque, il entre au Ha-vre de la Rochelle à plaine voile, ayant cinquante tonneaux de vin de Bourdeaux, & vingt-cinq tonneaux de froument, auec autres prouiſions.

Le 25. Feurier.

Le lendemain Monſieur diſna au Fort de Coureilles, & au retour pour auoir le chemin plus libre ſa Garde donna l'allar-

me vers S.Nicolas, souftenuë de deux cens
cheuaux, où l'efcarmouche dura prés de
quatre heures, pendant lequel temps nombre de Caualiers portants chacun l'arque-
bufier en croupe, donnerent de la Rochelle iufques à la Fons, d'où ils enleuerent à la
hafte trois prifonniers, & quatre pieces de
grands cheuaux.

Le Confeil de la ville de la Rochelle
auoit donné permiffion à la Nouë de con-
ferer auec les Deputez de Monfieur, partie
de bouche, partie par efcrit; Monfieur de
Biron dift qu'il auoit faict en forte que
Monfieur l'auoit trouué bon, combien
que le Sieur de Guadaigne deuoit expofer
sa charge en ville. L'abouchement fe fit au
Moulin d'Amboife prés la porte de Congne, & fut efleu auec luy P. Pierres, le Lieutenant general, Mortiers, & Moriffon.

Les articles que le Roy leur enuoyoit par
l'Abbé de Guadaigne furent communi-
quées au Confeil, là où aucuns confeille-
rent fur le doute du fecours, & faute de viures, d'aduifer à la paix. Mais la plus-part
eftoient de contraire opinion. Là deffus
fut demandé l'aduis des Miniftres, qui con-
clurent à la guerre, refolurent de ne plus
parlementer que par efcrit: Auec cela, qu'on
ne receuroit de paix qui ne fuft generale, &

D iij

à l'aduancement de toutes les Pretendues Eglifes de ce Royaume, auec communication à celles qui fubfiftent, & qui ont les armes en la main.

fortie. Le lendemain du parlementé, la Noue auec quinze ou feize piftoliers, chargea yne troupe de Catholiques, où il fe trouua tellement engagé & voifin de fa mort, qu'il y fuft demeuré fans le Capitaine Marchant, qui tint fa place d'vne piftolade de laquelle il mourut.

Monfieur fit executer à mort le Capitaine Cadet de nation Turque, pour les volleries qu'il auoit faict.

Les affiegez furent aduertis que le Roy auoit enuoyé & auoient en l'armée trente deux pieces de batterie à la Fons, & s'attendoient à efcarmoucher l'apresdinée, ce qui fut fait entre midy & vne heure que la *fortie.* Noue fortit fur le Camp, où il perdit fon cheual & y euft laiffé la vie, fans la bonté de fa cuiraffe qui receut plufieurs arquebufades, il y perdit trois Capitaines & fix Soldats, & grand nombre de bleffez.

Le dernier Sur les huict heures du matin la batterie *de Feurier.* fut commencée le dernier de Feurier, contre les défences qui eftoient contre la Tour d'Aix, & depuis icelle iufques au Bouleuard de l'Euangile, & contre le clocher de

Congne, parce qu'il y auoit dedans deux
pieces qui incommodoient fort les Catholiques : la batterie fut de huict canons &
deux couleurines.

Sur les trois heures du soir la batterie
cessa, & la Noüe fit sortie auec cent hommes par la porte de Congne pour donner
dans les prochains gabions, comme aussi
le Capitaine Normand à la mesme heure
par la porte Neufue auec cinquante arquebusiers qui deuoient donner de l'autre costé.

Les Rochelois faisoient au dedans des
corps de garde en ville iour & nuict, &
rondes & patrotiilles, où ils se trouuoient
assistez des Ministres en tous endroits
comme gens duits aux armes.

Le 3. Mars à l'apresdinée le Canon
iouant dehors & dedans, vne moyenne tirée de la ville du dessus du Caualier du
Bouleuard de l'Euangile, perçant vn ga-
bion plein de terre rencontra Claude de
Loraine Duc d'Aumalle, Pair de France,
& Lieutenant General pour le Roy en
Bourgongne, auquel elle perça la poitrine.
le renuersant mort ; Prince fort regretté
pour les belles vertus & qualitez dont le
Ciel l'auoit doüé.

En ce temps, ceux de Quercy, Foix,

Marginalia:

Sortie.

*Mort de M.
d'Aumalle.*

*Il y a encor
cette piece à
la Rochelle
qu'ils appel-
lent chasse
d'Aumale.*

ville-Longue, Lauraguez & Albigeois s'assemblerent à Reaulmont, où ils furent requis de secours par les Rochelois.

La Batterie recommença le lendemain contre la tour d'Aix & le Clocher de Congne: tellement que la plus grande partie du Clocher tomba par la furie de 500. Canonnades, ensemble les deux Couleurines bastardes qui estoient dessus qui en furent fort endommagées, ce qui estonna fort les Rochelois, qui sur le midy demanderent à parlementer, là où la Nouë sortit & Iacques Henry Maire de la Rochelle, & en ostage pour eux Monsieur de Strossy en la ville: ils vindrent parler à Monsieur à la Fons, pendant quoy ils remparerent leurs breches en grande diligence.

Dés le 3. Mars la Nouë en plein conseil & plusieurs autres concluoient à la paix, mais les Ministres n'y vouloient entendre, à cause, disoient-ils, du serment & promesse que ceux de la Rochelle auoient donné à leurs freres de Nismes & Montauban.

Le 4. de Mars on parlementa derechef, où se trouua du costé du Roy, le Comte de Rets, Biron, Villequier & Guadaigne: des Rochelois, la Nouë, le Lieutenant, Morisson & Detambé, où il ne se fit rien: Il auoit esté defendu de ne tirer ny réparer

de part ny d'autre, neantmoins les Rochelois tirerent durant la Treue, & tuerent le
Comte de Rets (ils firent de mesme 1569.
à Mucidan, où fut tué le Comte de Brissac)
& apres le Presche d'vn Ministre fut resolu
que l'on ne parlementeroit que par le
moyen d'vn Tambour.

Le Vendredy 6. Mars fut neantmoins
aduisé que l'on parlementeroit derechef
auec les Deputez de Monsieur, comme on
leur auoit promis : à quoy Robert Dauid
& plusieurs Ministres s'opposerent, neant- *Diuision en-*
moins fut passé outre: & le 7. Mars fut dres- *tr'eux.*
sé des articles pour les presenter aux De- *Tresues &*
putez des Catholiques. *pour parler.*

Le 14. Mars Montgommery fit mettre
ses lettres dans la Rochelle dattées du 6.
Feurier, par lesquelles il leur rescriuoit,
Que sur leur procuration il auoit trouué en An- *Lettre de*
gleterre quarante mil liures sans interest, de *Montgom-*
quoy il auoit equippé quarante cinq vaisseaux *mery aux*
de guerre, sans quinze autres partis de la Ro- *Rochelois.*
chelle, & quinze ou vingt chargez de muni-
tions, desquels il esperoit leur donner secours
dans vn mois.

A ces nouuelles la Noue se retire de la
Rochelle, pour quelque malveillance que
Montgommery luy portoit.

Plusieurs pieces de canon furent menées

prés le Trueil Mesnard voisin des Moulins
de la Brande, où estoit le Fort S. Martin,
auec grande quantité de gabions, Pionniers, & Officiers de l'Artillerie.

Lors les Rochelois trauaillerent derriere la platte-forme du Bouleuard de l'Euangile: tout le iour se passa en canonnades re-
ciproques.

Le 15. de Mars on tira de si grande furie,
qu'il fut enleué vn grand pan de muraille,
qui remplissoit les fossez, de sorte que la
mer ne pouuoit monter plus haut.

Plusieurs se vindrent rendre à Monsieur,
entre lesquels furent monsieur du Chail-
lou & monsieur des Essars, & autres.

Sur le soir le Capitaine la Fons Rochelois tenant la garde d'vne casemate, mena
quelques soldats à la Maladerie, où il tua
quelques Catholiques qui soupoient sans
sentinelle.

La nuict suiuante les Catholiques firent
leur approche iusques au bout de la vigne
du Trueil Mesnard, où ils dresserent &
remplirent leurs gabions, & approcherent
leur canon pour battre le Bouleuard de
l'Euangile: continuans leurs tranchées depuis Palera iusques à la contr'escarpe du
bastion, & si bien couuerts que l'on ne les
eust peu offencer.

Les Rochelois firent vne sortie, & rom-
pirent les gabions, renuerserent les balles
de laine, sacs, tables, & tout ce qui couuroit les Catholiques.

Dés le lendemain à cinq heures du matin l'on commença à faire iouer les pieces
en diuers lieux, les volées d'ordinaire n'e-
stans que de seize, vingt, vingt-huict, trente & trente-deux canonnades.

Le 17. arriua au quartier de Monsieur vn
Ambassadeur d'Allemaigne, où Monsieur
le Duc d'Alençon alla au deuant, & se mur-
muroit de quelque guerre que les Reistres
& Allemans s'esleuoient.

Le 22. sur les six heures du matin la batterie commença iusques à six heures du
soir: les Rochelois doublerent leurs gardes en ville, à cause de ce que les Catholiques s'attendoient saisir vne Tour d'entre
la porte Rambaut & le Bastion de l'Euangile.

Le 24. sur le midy recommença la batterie plus furieuse qu'au precedent, depuis la
Tour d'Aix iusqu'au Bastion de l'Euangile & les deux tours du Chasteau.

Et pource que les assiegez sceurent qu'on
vouloit battre du costé du Colombier, ils
se retrancherent si diligemment, qu'en peu
de temps la terrasse fut aussi haute que la

muraille, entremeſlée de bois & terrier eſ-
pais de vingt pieds , eſleuans plus arriere
vne terraſſe de la hauteur d'vne toiſe, & autant de largeur , enfermée entre des ais
couſus & clouez à des pilotis pour tenir la
terre ferme: & entre ces deux terraſſes vne
tranchée large de trois pas dans le iardin
de l'Hoſpital.

Depuis le dernier Feurier iuſques à ce
iour fut tiré douze mil ſept cens nonante
coups de canon.

La nuiᵸ du 27. Mars quelques Compagnies Catholiques ſe preſenterent pour
gaigner les caſemates de la porte Maubec,
mais ils n'y firent rien.

Le lendemain nombre de Caualiers ſe
preſenta vers Tadon. Ce iour fut tué d'v-
ne canonnade le Capitaine Prouençal , &
le Sauuage mourut d'vn autre coup qui luy
emporta la iambe , il eſtoit Sergent Major,
Gargouillaud eut ſa grade.

Le Comte du Lude , ſa Caualerie & ſon
Regiment s'approcherent de Neſtré à Ta-
don, pour d'autant plus ſerrer les aſſiegez;
& Monſieur ne le voyant aſſez fort pour
garder toutes ces auenues, luy enuoya des
Suiſſes, & nombre de pieces de canon.

    L'Admiral de Villars à l'iſſue du ſiege de
Quoſſade prés la Garonne, enuoya à Mon-

ieur au siege de la Rochelle le Regiment
de Goas.

Tout le reste du mois de Mars fut employé en canonnades, iusques au septiesme
d'Auril, que sur les six heures du matin on
battit de furie depuis la vieille Fontaine
iusques à la Tour d'Aix, & au Bouleuard
de l'Euangile, & depuis là iusques au Bou-
léuard, tous les murs furent renuersez,
puis les casemates gaignées, & la breche si
large & esplanadée, qu'estant iugée raisonnable tous se disposerent à l'assaut, auquel
ils delibererent d'aller sur vn pont de
bois qu'ils dresserent marchant sur roües,
sur lequel pouuoiët trois soldats de front,
long de trente six pieds, auec Mantelets
coulants couuerts de plaques de fer blanc   *Mantelets.*
fort de peur du feu. Cependant le canon
iouoit tousiours en plusieurs endroits sur
les lieux où l'on se preparoit à la defence
en ville, afin d'intimider les Rochelois, &
donner plus de loisir aux Catholiques de se
saisir du bouleuard & du haut des breches,
à quoy s'efforçans les soldats conduits par
nombre de Rudachiers glissez sous la faueur du pont, s'y aduancerent hardiment,
& fussent entrez victorieux, sans l'opinia-   *Assaut de*
stre resistance des assiegez qui iettoient *soldats con-*
force feux d'artifices. La Noblesse com- *duits par les*
                                              Grands.

mandoit à cet assaut, & y furent blessez le Duc de Neuers & de Mayenne, Clermont, du Gas, & plusieurs autres. Il y mourut du dedans quatre Chefs & cinquante à soixante soldats, & beaucoup de blessez : il en mourut aussi beaucoup du dehors.

Le lendemain les assiegez firent vn feu au haut du Bouleuard de l'Euangile, à la fumée duquel ils remparerent leur breche, & tuerent plusieurs Catholiques. Les Capitaines retournent derechef à l'assaut, où ils furent repoussez, le bon succés du premier ayant asseuré les assiegez.

Monsieur se resout à vn assaut general, & à forcer la ville par plusieurs endroits, pour de tant plus eneruer les forces des assiegez : partant dés le dixiesme de grand matin l'armée fut en estat, le canon tirant tousiours de tous costez : notamment au Bouleuard de l'Euangile, & iusqu'à la vieille fontaine : apres auoir aduerty le Comte du Lude de son dessein, & commandé de faire tout le possible à forcer la place de son costé, sçauoir à la porte S. Nicolas. Il fit aussi donner l'escalade à la porte des deux Moulins.

L'assaut fut grand & furieux au Bouleuard de l'Euangile & quartiers prochains, auquel lieu Monsieur ayant esté conseillé

de donner par Scipion Vergano de Conean Ingenieur Italien, qui les auoit forti-
fiez aux troisiesmes troubles par le commandement des Princes, & qu'estant comme vn coin de la ville il n'estoit pas defendu d'ailleurs: aussi n'estoit-il resté des tours
& defences qu'vne petite casemate derriere le susdit Bouleuard, qui fit grand dommage à l'assaillant, tant d'arquebusades,
grenades, cercles, pots à feu, que de toutes
sortes d'inuentions bouillantes & bruslan-
tes; impossible fut d'y pouuoir entrer. Ce
qui les fit entreprendre d'enleuer cette casemate.

Le Comte de Lude fit auancer vn Regiment d'infanterie iusques à la porte & à
la tour du Moulin presque tout à couuert,
mais leur attaque ne fut assez forte.

A la porte des deux Moulins on presenta bon nombre d'eschelles, l'attaque fut
toutesfois froide & lentement menée,
aussi n'eust-elle point d'effect : ce iour là
mourut quelque trois cens hommes au
dehors.

Le 12. iour les Catholiques firent remuer
la terre au bouleuard de l'Euangile, au pied
duquel ils s'estoient posez & faisoient vne
mine. Les assiegez aduertis de ce dessein
contreminerent dans la tranchée, qu'ils

approfondirent ſe rehauſſants de la terre qui en ſortoit, & ſe retranchans au derriere qu'ils approfondirent & creuſerent à coſté du bouleuard, afin que par maniere de fauſ-ſe porte ils peuſſent charger les Catholi-ques embeſongnez à leur mine. Le boule-uard commençoit de branſler, les canona-des continuants de plus en plus. Lors les Chefs Catholiques encourageoient leurs gens qui eſtoieut proches du Bouleuard, d'aller à l'aſſaut, auquel lieu fut com-batu main à main courageuſement plus de trois heures apres que la pointe du boule-uard fut renuerſée ſur vingt ou trente des Rochelois, & tua la mine auſſi quelques Catholiques.

Sortie. Le 15. les aſſiegez firent vne ſaillie, qui ne fit pas grand effect.

Sortie. Le 16. ils firent vne ſaillie tant par le Ca-nal de la vielle fontaine, que par le flanc de deſſous le Caualier du bouleuard de l'E-uangile, là où il fut tué nombre de Catho-liques; de ceux de dedans y mourut le Ca-pitaine la Muſſe, fort regretté des aſſie-gez.

Le 18. le ſieur de Coſſeins Maiſtre de Camp d'vn Regiment François de la Gar-de du Roy, eſtant aux tranchées fut frappé d'vne arquebuſade dont il mourut en fu-rie

rie & chaude langueur, homme & Chef fidele & refolu.

Le 19. parut nombre de vaiffeaux fur mer
que les Rochelois recognurent eftre volontiers le Comte de Montgommery, partant ils enuoyerent le Capitaine Mirant,
& le mefme qui auoit paffé le quinziefme
Feurier à la Palliffade, qui repaffa encor, &
ayant recogneu Montgommery fit fignal
aux affiegez que c'eftoit le fecours.

Cette inefperee venue auoit mis l'armée
en efmoy, le bruit ayant toufiours efté
commun que la Reyne d'Angleterre auoit
refufé les Huguenots de fon ayde, d'autât
qu'elle s'eftoit alliée auec le Roy, & ce parce qu'elle auoit efté Commere du Roy,
le feptiefme Octobre 1572. au Baptefme
de Dame Marie Elifabeth Dauphine de
France, le Parain le Duc de Sauoye, les deux
Maraines Marie d'Efpagne Imperatrice,
& mere de la Reyne de France, & Elifabeth Royne d'Angletere ; le Milord de
Vinceftre fut au nom de la Reyne d'Angletere, le 2. Feurier 1572. Les huguenots
difoient que cette alliance feinte eftoit
pour deftourner le fecours que le Comte
de Montgommery efperoit de leuer en
Angleterre : mais, rufe proteftante, l'on fit
feinte de fuiure le Milord de Vinceftre,

*Montgom-
mery proche
fur mer de
la Rochelle
pour leur fe-
cours.*

E

lors qu'il vint en France, trauersant la mer
de Douure à Boulógne, & suiuy de trois autres passagers, fut assailly par quelques Frã-
çois & Vuallons coursaires, (c'estoit Montgommery & les bannis de France) qui ne
pouuans aborder celuy du Milord, se mirent sur vn qu'ils pillerent, apres auoit tué
tout ce qui se mit en defence. Sur quoy
commission fut deliurée par la Reyne de
prendre tous les Nauires estrãgers que l'on
trouueroit sur les costes, sãs specifier quels
ou à qui appartenans, pour véger ce desordre: mais ce nauire prins estoit Catholique
qui suiuoit en Frãce le Milord de Vincestre.

Toute l'armée se tint donc sur pied, la
plus part des huguenots qui estoiẽt en l'armée demeuroient coys, attendant l'occasiõ
d'entreprendre quelque chose si l'armée
Nauale mettoit pied à terre.

Monsieur fit mettre toute sa Cauallerie
en armes sur la coste de la marine, pour receuoir l'ennemy si l'armée nauale ne ba-
stoit à cõbattre ces François d'outre mer.

Sur la pointe de Chef de Baye furent menez neuf çanõs, & tous les nauires remplis
de gens de guerre. L'armée de Montgommery ne fit rien de ce iour, & tous les
vaisseaux furent remplis de l'armée Royale pour le tenir en bride.

Cette armée de Montgommery estoit composée d'Anglois, François bannis, Bretons, Normans, & Picards, qui sous Montgommery & Colombieres s'estoient saisis des Isles de Gersay & Grenesay (la derniere ainsi nommée pource qu'elle est plus marchande) & de celle du Serf, fermée de hauts rochers, laquelle fut ainsi nommée, à cause du Capitaine Serf, qui par son auarice la laissa perdre, au lieu d'y entreténir trois cens hommes dont le Roy luy payoit la solde, qui fut cause que les Anglois la surprindrent.

Parauant cette trahison l'Euesque de Constances en Normandie estoit le Diocesain, & conferoit les Ordres aux Ecclesiastiques de ces Isles, mais dés que l'heresie Angloise y eut mis le pied les droicts Episcopaux furent transportez au profit de l'Euesque de Cantorbery ou Cantorbie. Toutes sortes de vagabonds, pirates & larrons y sont receus auec priuilege, mais il n'est permis aux François d'entrer aux deux Chasteaux de Grenesay qui sont aux deux costez du Havre, non plus qu'en toutes les forteresses d'Angleterre, que premier il n'ayt les yeux bandez.

Montgommery, Colombieres, & autres bannis s'y retiroient, principalement à

Gerfay, diftant de demie lieue deGrenefay,
où les Bretons & autres s'eftoient fauuez.

Ceux de la Rochelle auoient mandé du
fecours en tous endroits, en Holláde, Angleterre, Allemagne, Languedoc, Dau-
phiné, Gafcongne & Bearn. La Reyne
d'Angleterre ne les fecourut pas tout ou-
uertement : mais auffi ne fit-elle point publier defences au contraire en fon Royaume.

Le Prince d'Orange ne peut auffi, pour
eftre fort empefché contre le Duc d'Al-
be, à caufe de Meildebourg qu'il tafchoit
de s'affubiettir.

La Rochelle donna exemple à plufieurs
autres villes de fe rebeller à bon efcient,
comme elle faifoit.

Les Rochelois auoient fait fortir à plufieurs fois plus de vingt barques à la veuë
des Catholiques qui commandoient aux
forts de Chef de Baye, partie par furprife,
partie par la negligence des Soldats, afin
d'aduertir leurs confederez, ou pour auffi
piller quelques viures, & fe fauuer aydez
de la marée, & d'vn fort vent qui pourroit
les pouffer en la ville.

Le rendez-vous des troupes de Montgommery qu'il leua en Angleterre fut à
Plemhuë & Falmhuë deux beaux Havres

d'Angleterre, és confins de Cornuaille tirant sur l'Oest; là attendoient ils le vent fauorable, ayant de cinquáte à soixante voiles, quarante desquelles estoient nauires
de guerre, les dix plus grands Anglois, le
reste François.

L'Admiral où estoit le Comte de Montgommery estoit de trois à quatre cens ton-
neanx, l'on le nômoit Prime Rose, il auoit
esté vendu par la Reyne à vn marcháá qui
à son desceu en auoit accommodé Montgommery: c'est pourquoy elle disoit aussi
au Sieur de la Mothe Fenelon Ambassadeur pour le Roy, qu'elle n'entendoit preiudicier à l'accord & confederation solem-
nellement iurée, & faite auec le Roy de
France, Qu'elle ne donneroit aucun secours à Montgommery ; mais qu'elle ne
vouloit aussi empescher le profit particulier de ceux de ses subiets qui le voudroiét
assister quelque route qu'il prist sur mer.

Le vice-Admiral où estoit Champernon
gendre du Comte, estoit de deux cens cinquante tonneaux, & les autres Nauires
Anglois presque semblables: la Reyne ne
voulut qu'ils portassent aucune piece de
bronze, mais seulement des Vertueils qui
ne sont pieces si auantageuses que les autres.

Il y auoit en cette leuée huict cens arque-
bussiers tous François, tant ceux qui estoiẽt
sortis de la Rochelle, que ceux que Mont-
gomery auoit leuez en Angleterre, lesquels
pour la plus grande part se rengerent sous
les enseignes de l'Orge fils de Montgóme-
ry, de l'Anguillier, Berre le ieune, Paiet,
Maison-Fleur, la Meosse, les Malsonnieres,
Mepinuille, & autres, & presque autant de
matelots & mariniers de cóbat, qui seruent
à ietter le harpon ou grappin à l'abordage,
gens exercez à tout sur la Mer.

Les Anglois deuoient fournir quatre cens
Auxiliaires presque tous piquiers, & Ar-
chers, auec nombre d'arquebusiers, les
Chefs desquels estoient le ieune Vvinter, le
ieune Pouluretot, le ieune Margã, Edouard
Eguieus, & autres. Le reste des Chefs Anglois estoient equippez en Marchands, entre lesquels il y en auoit qui portoient armes, poudres, boulets, farines, bleds, biscuits, & autres prouisions; que l'Anguillier & d'autres auoient recueilly pour munir la ville.

La disposition que le Comte auoit prins de
faire son combat de mer, fut sur le rapport
qu'on luy fit de l'estat & force de l'armée
Catholique, selon le rapport de plusieurs
huguenots fugitifs de l'armée, & autres de

là prés: & recognoiſſant ſes vaiſſeaux plus foibles de corps, moins pourueus de pieces à feu, mais plus en nombre, meilleurs mariniers & bien reſolus, ordonna que moins de trois n'aborderoient vn Nauire, non tous à vn coup, ains ſe ſecourants l'vn l'autre. Iean Boiſſeau eſtoit Admiral des Rochelois, & ſon frere Iean Boiſſeau ſuiuoit.

Les honneurs & marques de l'Amirauté eſtoit le grand pauillon de Croix Rouge en champ blanc eſleué ſur le baſton du grand matereau du haut & gros mats. Et pour la diuerſité le Vice-Admiral & les autres laiſſoient le leur voltiger ſur le haut du mats de deuant.

Marque de l'Admirau-té, la Croix Rouge, qui eſt la deuiſe d'Angleter-re.

Les ſignals que l'on donna pour obuier qu'aucun Nauire ne s'eſgaraſt de la troupe, ou qu'il ne ſe fiſt vne fauſſe cache ſur celuy qui ſeroit par quelque accident trop eſloigné des autres, il fut commandé que celuy qui ſe verroit par quelque haſard pourſuiuy par vn autre qu'il cognoiſtroit, d'amener ſon grand bourſet de hune, & l'ayant reguindé le mettre ſouuent bas & ſoudain: A laquelle choſe le ſuiuant deuoit reſpondre, r'amenant le ſien ſi toſt qu'il auroit eu cognoiſſance de l'autre. Que ſi tel accident ſuruenoit de nuiĉt, celuy

Ordre afi n que les vaiſ-ſeaux s'en-tre-cognoiſ-ſent.

qui defpendroit fur l'efgaré monftreroit le
feu à fa grande hune, & l'autre luy refpon-
droit de deux. Autrement qui faudroit à
cela fe foufmettroit paifiblement à la ri-
gueur de la marine & droiﬅ d'icelle.

Cette armée partit de Falmhue le 16. Auril
1573. à 3. heures du foir, pouffez du Nort,
qui leur fut fi fauorable, qu'apres auoir
receu en haute mer les Nauires de Briftou,
le dix-neufiefme ils defcouurirent, fans
aucun empefchement, la Rochelle, auec les
coftes prochaines de tout le pays prefque
couuertes de peuple, qui s'attendoient voir
l'iffue d'vn grand & furieux combat.

L'armée de Montgom-mery part d'Angleter-re le 16. Auril 1573.

Monfieur cogneut le deffein des liguez
proteftans eftre de luy donner le combat
& de fecourir la ville. Or depuis la poinﬅe
de Chef de Baye & de Coureilles diftantes
l'vne de l'autre d'vn mil d'Italie, & de la
ville d'vne petite lieuë, le Canal & gorge
de la mer s'eftreffit toufiours peu à peu iufques à la ville, & n'a de largeur que depuis
la Tour de la Lanterne lufques à la porte de
fainﬅ Nicolas, diftantes de fix cens trente
pas l'vne de l'autre.

Le Canal n'eft pas fi large que tous les
vaiffeaux y peuffent entrer en tout temps
& par tous endroits. Et encore le faut-il
fuiure exaﬅemēt, mefme en morte & baffe

mer, autrement les vaiſſeaux toucheroient: Toutesfois aux plus grandes marées, & pleines Lunes, la mer y iette tant d'eaux, que l'on y peut aller ſeurement ſi le vent y eſt propre,

Pour ſe rendre maiſtre du Canal & pour commander en tout temps és deux coſtez d'iceluy, Monſieur fit entrauerſer ſur tout le Havre à demie canonnade de la ville, vne haye de Nauires, leſquels enfondrez dans les vaſes l'vn à coſté de l'autre, & bien liez enſemble auec groſſes chaiſnes de fer, fortes, amarées, & de gros cables bien goldronnez, afin d'empeſcher qu'aucuns autres Nauires ne peuſſent paſſer outre, ny deçà, ny delà, de quelque coſté que ce fuſt.

Et afin qu'en grande marée les petits Nauires ne peuſſent paſſer deſſus, il fit attacher & entrauerſer aux maſts de ſes Nauires d'autres gráds maſts pár des boucles de fer, leſquels hauſſant & baiſſant ſelon l'eau & la hauteur des maſts eſleuez és Nauires enfondrez, ſelon le flot ou giſant des marées qui montent & deſcendent ſans ceſſe, ſeruoient de barriere & d'arreſt à tous les vaiſſeaux qui euſſent voulu tenter de paſſer par là.

Forme de la Palliſſade.

Puis pour empeſcher que les Rochelois ne ſortiſſent pour deffaire ou bruſler cette

Palliſſade, il fit venir de Broüage vn grand
& fort Nauire Venitien, que le Capitaine
Sore, Vice-Admiral pour les Huguenots,
auoit pris ſur les Venitiens en la manche
de l'Angleterre : Ce Vaiſſeau eſtoit nommé la Carraque, comme nous auons dit cy-
deſſus, eſtant de ſept à huiⱨ cens tonneaux de port; & apres l'auoir faiⱨ remplir
de pierres & cailloux, il le fit enfondrer
plus bas preſque au bout de cette haye de
Nauires, & y logea quelques pieces de canon : & pour l'aſſeurance & garde de ces
vaiſſeaux & aduenues, il y ordonna
deux Enſeignes d'arquebuſiers, tant
pour battre dans la ville à coups perdus, &
en ruyne, ſelon que l'occaſion ſe preſente-
roit, que pour deſcouurir & commander
par tous ces endroits: ce qui endommagea
merueilleuſement les Rochelois, & brida
leurs furieuſes boutades & ſaillies.

Ils firent ce qu'ils peurent pour rompre
cette Palliſſade, mais leurs efforts furent
vains : ils eſperoient pourtant que Montgommery romproit l'armée Catholique,
& par apres deſferoit facilement ces deux
Enſeignes, qui ne ſe voudroiét opiniaſtrer
à leur ruyne ſe defendants; ou que quelque
vent de Sud-Oeſt ſoufflant à tempeſte l'eſ-
branleroit de ſorte qu'elle la feroit rompre

contre les murs de la ville, mais la pallissade
estoit si forte & si bien iointe, qu'il estoit
impossible de l'enleuer de là.

Ioint à cela que les deux forts qui estoiét
à la poincte de Coureilles, & de Chef de
Baye, la fauorisoient, & à vn besoin pou-
uoit-on enuoyer d'vn lieu à l'autre nombre
de pieces, arquebusiers & nauires, si l'on
eust descouuert quelque entreprise pour la
deffaire.

Cette armée estoit composée de neuf
bons Nauires, l'vn & le principal desquels
qui se nommoit Charles, du nom du Roy,
estoit le plus grand, de quatre à cinq cens
tonneaux. Ce n'estoit pas toutesfois l'Admiral, ains celuy qu'on appelloit le grand
Biscain, où estoit Iean de Lur Vicomte d'V-
sa, Lieutenant de l'Admiral Marquis de
Villars, & commandoit (en l'absence du
Baron de la Garde) sur la marine.

Ces vaisseaux bien pourueus fors que de
Mariniers, se tenoient d'ordinaire à l'ancre, selon que le vent leur permettoit, car
il y a des endroits pour rader à tous vents:
l'Admiral auoit toutesfois cómandemét de
cóbatre à l'ancre, & se tenir coy à l'abry du
fort de Chef de Baye, pource qu'estant fort
haute elle les couuroit du vent d'amont,

specialement de ceux qui pouuoient amener les Nauires d'Angleterre.

C'est pourquoy Mõsieur fut cõseillé pou[r]
l'abry que ces vaisseaux receuoient de cett[e]
pointe, de ne les faire combattre à la voile.

Or pourautant que les Nauires n'estoien[t]
pas tousiours en mesme lieu, ains selon l[e]
vent & occasion, ils alloient & venoient cõ-
tinuellement deçà delà, de iour à autre
l'Admiral auoit faict ietter autãt de boyes
en mer vis à vis de ceste pointe comme i[l]
y auoit de vaisseaux, afin qu'à la premiere
veue d[es] Protestans chacun vinst prõpte-
ment à sa mire pour se camper tous de frõt;
& chacune des six galeres entre deux vaisseaux. Ce qui faisoit l'aduãtage des Catholiques beau: car toũs leurs nauires & galeres se fussent en vne extremité promptement entre-secourus l'vn l'autre.

Sur la pointe de Chef de Baye y auoit plusieurs pieces braquées, lesquelles eussẽt ai-
sémẽt coulé à fonds ou bien batu de canõ-
nades les Nauires des Protestãs, auec l'ayde
des Nauires, & eussent cõbatu à couuert du
vent estãts cachez de la hauteur de la coste;
ou bien en cas qu'ils eussent esté forcez, ils
se pouuoient tous retirer en terre à sauue-
té, là où ils estoient ancrez, & ce à la faueur
des forts, larges & profondes tranchées

preparées pour cet effect de longue main:
ou bien s'eschoüer sur la graue à la perte
de quelques vaisseaux.

Ce qui estoit d'excellent en cela, c'estoit
qu'ils ne pouuoient en rien incommoder
l'armée de terre, & ne l'empeschoit de dres-
ser escarmouches, fournir aux bateries ordinaires, continuer aux sapes & mines en-
commencées, donner assaut, remplir les es-
calades, & en general faire tous actes de
guerre contre les assiegez, non plus que
s'il n'y eust eu aucune armée de mer.

L'Admiral des Protestans asseuré du commandement & puissance sur toute la mer,
auoit aussi pourueu que tous les vaisseaux
qui estoient sortis de la Rochelle, costes
de Poictou, Dieppe, Xaintóge, Bretaigne,
Normandie, & autres endroits de France,
s'estoiét donné le rédez vous à Falmhue en
Angleterre, où ils redressoient tout leur
equipage: dót Monsieur fut aduerty de l'ordre, tant par le moyé de l'Ambassadeur du
Roy, que de bon nóbre d'asseurez espions
& pésionnaires, & plusieurs autres particuliers, & mesme vne patache (qui partit aussi tost que les Protestans Anglois & Fráçois
partirent de Falmhue) laquelle donna l'allarme à toutes les garnisons de la coste maritime de Normandie, de Bretagne & du

bas Poictou: là où Monsieur auoit ordonné des feugades & fumées pour signals de lieue en lieue, à la mode d'Angleterre: la patache arriua le 18. du mois à Chef de Baye, informant Monsieur de ce qu'ils auoient veu, & qne l'armée de Montgommery ne faudroit à paroistre le lédemain dés la diane, si elle ne paroissoit dés le iour mesme.

Monsieur soudain commande à l'Admiral qu'il fist ancrer tous les Nauires chacun derriere sa boye en forme de haye à costé les vns des autres, & se remplirent de soldats & de mariniers que l'on y fit embarquer tout ce iour & la nuict suiuante, en resolution d'attendre l'euenement de cette iournée. Il ne manquoit là que de bós mariniers, dont il n'estoit pas si bien fourny que les Protestans : ioint que la plus-part des mariniers estoient huguenots Protestans retenus par force, ausquels estoit dangereux de se fier, aucuns desquels apres la sainct Barthelemy, s'estoient allez rendre à Broüage sous le Baron de la Garde, Strossi & autres, dés le commencement de l'an 1573. Pour les autres mariniers qui estoient Catholiques, ils n'y estoient pas si experts ny si accoustumez comme les Protestans, & se trouuoient mal à l'air marin.

La raison pourquoy les Protestans

ſtoient plus experts, c'eſt que depuis l'an
568. ils auoient touſiours exercé la guerre
par mer, mais pluſtoſt la Piraterie, courans
non ſeulement la coſte de France, Eſpagne,
Angleterre, & Holande, mais auſſi tous les
endroits de l'Europe & de l'Affrique; meſme que pluſieurs de leurs chefs ſi toſt que
la paix eſtoit faicte en France, faiſoient à
l'enuy les voyages du Perou, des Indes &
autres endroits du Leuant & Ponant, ſur les
nouuelles côqueſtes des Eſpagnols, & Portugais, en hayne de ce qu'ils auoient aſſiſté
le Roy contre-eux.

Sur les dix heures du matin le dix-neufieſme Auril l'on deſcouurit quinze Nauires
vers Charon, qui ne delaiſſerent la voile, ny
le Comte ne les pourſuiuit pour ſe haſter
de ſurprendre l'armée au deſpourueu: approchez de Semblanceau, partie de l'Iſle de
Ré vers la Rochelle, ceux qui auoient dreſſé là vn fort aux meſmes fins qu'à Chef de
Baye, ſaluerent Montgommery de quelques canonades, ſans dommage pourtant.

Le 19 Auril parut le ſecours du Côte de Montgommery.

La Croix Rouge, Banniere d'Angleterre, auançoit touſiours pour eſtonner d'a-
uantage les François, iuſques à l'abord de
la diſtance du canon.

Croix Rouge.

Montgommery voulant s'auancer fut
ſalué de quelques canonnades : mais pour-

ce qu'ils donnoient aſſez bas , il n'y eut qu'vn coup qui frapa vn Nauire & en bleſſa quelques ſoldats : Les galeres ſe preparerent auſſi à tirer ſur eux.

Monſieur en perſonne encourage l'armée Nauale.

Monſieur aduerty à Nieuil où eſtoit ſon logis par la Vauguyon Enſeigne , duquel la troupe & compagnie faiſoit la garde ſur la marine, quand l'armée proteſtante s'auançoit, vint au Plomb, ſuiuy du Roy de Nauarre, des Princes, Ducs, Pairs, Comtes, & autres Seigneurs , & auoit commandé à tous ſe tenir preſts: il marchoit le long de la coſte , deſcouurant l'armée iuſques à Chef de Baye, où eſtoient affuſtez les deux canons & les deux couleurines qui tiroient ſur les Proteſtans, leſquels au meſme temps firent tirer trois canons à la groſſe troupe où eſtoit Monſieur , mais pource que ce n'eſtoient que vertueils , ils ne ſçeurent porter iuſques là.

Montgommery n'eſt ſuiuy des ...

Montgoumery ne ſe vit ſuiuy que du Vice-Admiral , & de ſeize autres vaiſſeaux , quelques canonnades qu'il euſt fait tirer pour ſignal aux autres de s'approcher, & le reſte des François & Anglois, & à cauſe d'eux les marchands (qui euſſent du moins ſeruy de nombre faiſants monſtrer l'armée plus groſſe) auoient deſia amené & baiſſé les voiles plus d'vne grand lieue

derriere

derriere: il fut confeillé de prendre le large & fe mettre à vaut le vent, fi que guindant fon bourfet de hune pour prendre
plus d'erte, il fut fuiuy de tous, qui auec luy
mouillerent l'ancre à demie lieue plus bas
que les Catholiques.

Monfieur cogneut par là que Montgommery ne combattroit pas de ce iour,
pource que la mer commeçoit à fe retirer,
de laquelle il falloit par neceffité attendre
le retour & marée: c'eft pourquoy cependant il defpefcha en Broüage pour faire
retourner deux Galleres que l'on y auoit
enuoyé deux iours auparauant; il enuoya
auffi vers Bordeaux & le long de la cofte de
Bretagne pour faire amener tous les Nauires qui fe trouueroient capables de combattre, fit armer nombre de Chalupes, Pataches, & autres petits Nauires qui auoient
des viures au Plomb, les fit le lendemain
conduire derriere fon armée du cofté de la
ville, tant pour feruir au combat, que pour
empefcher les affiegez de fortir fur la Palliffade à la faueur de leur fecours.

Auec cela il enuoya querir quatorze Nauires Olonois, que les Proteftans auoient
laiffé à l'ancre à trois lieuës du Plomb, chargez de fel.

Le lendemain matin vint pour renfort à

F

Monsieur les Vicomtes de Turenes, Pompadour, & plusieurs Gentils-hómes & Capitaines signalez. Monsieur fit lors placer de renfort quatre canons sur la coste de Chef de Baye, pour fauoriser le combat de ses Nauires, auquel tous s'attendoient, tellement que la coste estoit couuerte de plus de douze cens Cheuaux. Cette iournée se passa aussi doucement que la venuë de cette armée auoit esté furieuse.

Le lendemain il y eut quelques escarmouches de canonnades des deux Galeres qui allerent par commandement de Monsieur recognoistre l'armée Protestante. Pendant cela les Huguenots saluerent les Galeres, entre autres Nepin-ville, ayant vn Nauire de deux cens tonneaux lascha deux coups de longues couleurines qui battoient en proue de son vaisseau. Les Galeres se retirerent neantmoins ayant remarqué l'ordre, la force & portée du canon de Montgommery.

Pendant quoy 5. Nauires se leuerent pour aller cacher sur 2. Galeres sorties de Brouage qui n'auoient eu cómodité de se ioindre à celles de Chef de Baye que ce iour là, elles s'auancerent iusques au deçà d'Oleron canonants ces Nauires, mesmes Poluretot Anglois, mais craignans plus grand vent elles se retirerent à l'isle d'Ay ou d'Eff.

Il est icy à remarquer que la Galere a cette belle proprieté, qu'elle n'est moins asseurée de tous Nauires en téps calme, que dange-reuse à tous autres vaisseaux, pource que les Nauires ne pouuâs s'auancer qu'à la faueur des voiles, si le vét leur faut, de necessité ils demeurent ainsi qu'vn rocher entre les ondes exposez aux canónades de la Galere, qui sans la faueur du vent court d'vne merueilleuse roideur par la force de ses rames, & peut ietter les Nauires en fonds s'ils ne veulent amener: ie ne parle pas des vaisseaux qui ont des pieces d'aussi gros calibre qu'elle : aussi la Galere est coustumiere de fonder la portée des pieces ennemies pre-mier que de combattre, en venant seule-mét à l'escarmouche, & si elle sent la volée aussi grosse que la sienne, elle n'est point portée à combatre, ains se retire ailleurs, autrement elle seule incommode merueil-leusement tous Nauires pour grands qu'ils soient: car encor qu'vn vent s'esleue, pour-ueu qu'il ne vente à tempeste, le Nauire ne sçauroit tát gagner sur elle, singlast il à tou-tes voiles, comme elle s'en esloignera à force des rames aydées de son Trinquet & grand Artemon, que le vent pousse pres-que aussi roidement que les voiles d'vn

Proprieté des Galeres & en quoy elles ont ad-uantage sur les Nauires.

Ruse des Galeres.

Nauire: & cela s'entend si estans fort auan-
cées en mer elles ne sont fort esloignées
de la terre, car autrement & en peu de
temps elles pourroient estre prises du Nauire premier qu'elles eussent ioint les terres, d'autant que pour le petit nombre de
soldats que l'on y met, qui le plus souuent
n'excede vne douzaine, elles ne sçauroient
resister à si grande force : bien est vray que
quelques vnes ont esté prises des Protestans, mais tousiours par la surprise, & non
autrement, encor se fussent-elles peu dire
imprenables si elles eussent esté pourueuës
de l'equipage qu'il y faut, & principalemét
de soldats, comme elles doiuent estre par
l'ordonnance de la Marine, encor qu'elles
soient plus basses & descouuertes au combat que les Nauires qui sont de plus haut
bois : mais telle Gallere n'a le plus souuent
dix hommes dedefence. A ces quatriesmes
troubles le Baron de la Garde General des
Galleres au Leuant, afin de ne rencheoir és
mesmes dangers qui luy estoient arriuez és
troisiesmes troubles, les renforça de paue-
sades, Mosquetaires, Strapontins, & les
pourueut de toutes choses, mieux qu'au
precedent.

Les Rochelois asseurez de la venue de
leurs Partisans, qu'ils recogneurent aux

Croix rouges des banderoles & aux canonnades des Catholiques, ietterent plusieurs feugades & signals, & furent contre-
signez par l'Admiral: ce qui leur fit des-
pescher sur les dix heures de nuict quatre
soldats, & autant de Mariniers dans vne
Chaloupe, qui abordez à la Pallissade furent enquis par les gardes de la Carraque,
qui ils estoient, & respondirent estre au
Prince, (l'vn des plus grands vaisseaux
de l'armée Catholique) ce qui les fit
passer outre : mais ils ne furent gueres
loing que les autres de la garde ne reco-
gneussent leur faute, les voyants à coups
redoublez d'auiron singler à l'Admiral
des Protestans; ce qui fit que l'on lascha
nombre d'arquebusades sur eux, qui ne
firent rien. Ils porterent lettres de la ville
& du Maire nouueau, nommé Morisson,
successeur de Iacques Henry, contenant
qu'ils pouuoient estre encor deux mil hô-
mes de defence, mais peu de prouisions,
point de poudre, & leurs murailles presque
rez de terre: sur tout ils le supplioient les
assister de nombre d'hommes, poudres,
viures, & autres choses necessaires, & d'vn
bon Chef, veu que la Nouë n'estoit pas
aymé de tous, & estoit mal obey.

Sur ce le conseil d'entre-eux tenu, les

vns furent d'opinion de mettre au commencement de la nuict, poudres, balles, biscuits, bleds, chairs, & autres choses conduittes par les plus resolus soldats, s'asseurans que s'ils y faisoient entrer ce rafraichissement, les assiegez pourroient tenir plus d'vn an, Que le bruit de tel secours estant entendu par la France feroit leuer le courage de tenir la campagne à dix mille Protestans qui iusqu'à lors s'estoient tenus couuerts & couroient (comme d'autres le faisoient desia) en toute liberté, pource que le Roy auoit le plus seur & entier de ses forces deuant ceste place ; cependant leur armée entreprendroit vne autre conqueste pour diuertir Monsieur & luy faire leuer le siege, ou bien tiendroit la Rade pour empescher que les viures ne vinssent aux Catholiques qui seroient affamez en peu de iours: Car les deux tiers des prouisions leur venoient par mer, estant le Poictou & la Xainctonge mangez pour le long sejour d'vne telle armée.

L'Anguillier Rochelois, & qui, comme est dit cy-dessus, auoit leué le secours en Angleterre par la procuration des Rochelois, s'offre d'y entrer auec quatre Chefs qui s'y vouloient aussi offrir, & courir mesme fortune,

D'autres furent d'auis que l'on attendroit
le vent d'aual, à la faueur duquel les barques poussées contre la Pallissade la rom-
proient, ou passeroient outre aisément,
auec l'impetuosité & force des ondes,
lesquelles (principalement és pleines
Lunes) sont fort furieuses, & brisent si
fort ce quartier, que rien pour bien
fondé qu'il soit n'y peut demeurer entier:
ioint qu'il y auoit plusieurs Protestans
tant Poicteuins que Xainctongeois qui ne
taschoient qu'à se rebeller, & bien qu'ils
eussent intelligence sur plusieurs places,
n'osoient bransler toutesfois faute de
Chef.

Quelques vns eussent estimé fort honorable de combattre, & s'y excitoient par la
memoire de la furieuse bataille qui fut en
ce mesme lieu de Chef de Baye entre les
François & Espagnols, contre quelques
Poicteuins & les Anglois leurs alliez, sous
la charge du Comte de Pembrot & de Iean
d'Angle, l'vne des anciennes races du Poictou, qui furent là deffaits par les François
Fleurdelisez : Henry Roy d'Espagne à la
priere du Roy de France auec nombre de
François, deffit là en combat Naual ce
Comte de Pembrot & Guichard d'Angle,
& print Harpedane Seneschal pour les

Anglois, duquel sont descendus ceux de
Belleuille: d'autres craignoient le mesme
arriuer.

Le troisiesme aduis de ceux qui mirent
auant la prise de Belle Isle & l'Isle Dieu fut
suiuy & executé. L'Admiral ietta donc le
signal à tous de se tenir prests, ce qui fut
promptement faict, aucun ne demeurant
derriere de crainte de tomber és mains des
Catholiques, & le vent de Sud Est bruyant
par les Aubans des Nauires Protestans les
alla porter à Belle Isle & Isle Dieu. La premiere, petite, mal peuplée, & proche de la
coste de Poictou: La seconde qui respond
à son nom, belle, riche en bleds, & en pa-
sturages, bien peuplée, & plus aduancée
en la mer, vers la coste de Bretagne, d'vn
lagage encor plus fascheux que le bas Breton, de sept lieuës d'estendue. Toutes deux
fermées de hauts rochers, defendues de
deux forts Chasteaux, bien flanquez, &
garnis de viures & autres choses, & de
grosses artilleries. Le Capitaine Francisque
Italien auec trois cens arquebusiers y commandoit, auec cela il y auoit le peuple en
nombre, & tous sous le gouuernement du
Duc de Rets qui en est Seigneur.

Monsieur voyant l'armée Protestante
deslogée la faict suiure par vne Gallere, qui

pour leur diligéce ne les sceut descouurir,
ce qui fit que Monsieur y enuoya vne Cha-
lupe pour sçauoir ce qu'ils deuiendroient.

Cette place de Belle-Isle est tellement
considerable, que pour estre size en vn endroit de la grande mer, tous les Nauires de
quelque Nation qu'ils soient venans d'a-
mont ou d'aual, ou montans du Sud au
Nord, Allemands, Anglois, Escossois, Fla-
mãds, Irois, Holandois, Frisons, François,
Espagnols, Portugais, Venitiens, Italiens,
Grecs, & en general tous peuples trafi-
quãts sur la mer, doiuent la saluade à cette
Isle, & là moüiller l'ancre, s'ils ne se veulét
exposer aux grands dangers des rocs, sables, escueils, pierres, & autres incommoditez de Mer. Occasió que si cette place est
bien pourueuë de bon Soldats, fournie de
bons Nauires, & munie d'artillerie, elle
pourra cómander à toute la grand' Mer, &
prendre ou laisser ce qui luy semblera bon
de tous Nauires marchands, soit qu'ils
courent la haute mer, ou qu'ils facent leur
route entre les terres: à quoy l'Isle Dieu
leur peut beaucoup ayder.

Montgommery desrada de Chef de Baye
le 20. du mois, & le 22. il fut à la rade de
Belle Isle : le Capitaine de l'Isle se
doutant de ce qui arriua se tenoit sur ses

gardes, & auoit muny & fortifié le Chafteau d'abondant, & renforcé toutes les aduenues de l'Ifle. Outre ce Monfieur y auoit
enuoyé foixante foldats qui s'eftoient embarquez en vn petit Nauire voguant en
queuë de l'Admiral, fans que perfóne s'en-
quift qui il eftoit. Mais ces gens icy eftans
entrez au Chafteau de Belle Ifle, apres la
prife de Belle Ifle, qui fut le lendemain qu'y
arriua Montgommery, (& qui ne fut fans
meurtre) ces traiftres foldats qui fe difoient
venir de la part de Monfieur pour fecourir
le Capitaine, fe declarerent eftre Prote-
ftás venus pour ayder & fecourir leurs freres, partant qu'il fe haftaft de faire la plus
honnorable compofition qu'il pourroit, &
déflors plus de trente fe mirent fous les
Enfeignes Angloifes.

Le Capitaine qui fi lafchement & trai-
ftrement auoit rendu vne fi belle & forte
place fans auoir enduré le Siege, & fouffert
brefche, ne voulut retourner en France,
craignant fubir la peine deuë à fa mefchan-
ceté, & fe retira auec fa femme en Angleterre où Polurerot les mena.

Ce mefme iour de la prife de Belle Ifle le
Capitaine Raillard Gouuerneur de l'Ifle
Dieu, & quatre ou cinq Chefs auec des
Soldats en 2. barques enuoyées par Mon-

eur aborderent à Belle Isle ne sçachans la
eddition d'icelle, mais Raillard s'en apper-
ceuant le premier voulut auec les siens regagner ses Nauires, ce qui luy fut impossible, les autres qui n'auoient encor mis pied
à terre se mirent à la voile, & se sauuerent;
Raillard prins & mené deuant Montgommery fut tué & tous ceux qui estoient auec
luy.

Six vaisseaux furent ordónez pour essayer
la prise de l'Isle Dieu, les autres deuoient
courir les terres & les entre-terres, & iusques en la Manche de l'Angleterre pour
prendre tous les viures qui iroient à la Rochelle en l'armée Catholique.

Les autres tenans le large de la haute mer,
& courans la coste de Gascongne & d'Espagne : l'Admiral & Vice-Admiral ne deuoient partir de la Rade, Belle Isle estant
destinée pour leur retraite.

L'Anguillier retourna en Angleterre *Le 26.*
pour auoir de la Royne plus grãd secours, *Auril.*
qui luy fut refusé, indignée du peu d'effort
qu'ils auoient faict, & mesme de ce que l'on
auoit arboré le pauillon d'Angleterre au
plus haut des Nauires; ce qui estoit tourné
à la confusion & mocquerie des Anglois,
ioint la trahison que le Roy Charles diroit
luy auoir esté iouée par elle. Plus despitée

donc de cela que de toute autre chofe, elle leur defnia fon affiftance.

Montgommery voyant cela, trois femaines apres la prife de Belle Ifle, & fe voyant menacé de cinquante voiles par Monfieur; apres auoir defnué le fort de toutes munitions, bruflé le logis, & pillé tout ce qu'il peut emporter de l'Ifle, & leué grand nombre d'argent fur chacune paroiffe, fe retira à l'Ifle d'Vvich; Puis enuoya fon fils le Capitaine l'Orgeà la Royne, fçauoir fi elle auroit agreable fa demeure en fes païs: ce qu'elle luy permet, auec feinte que c'eftoit par grande importunité.

Au mois de Iuillet il fe retira à Vdinton en Cornouaille, riche tant du butin de Belle Ifle, que du quint de la Piraterie que les Proteftans exerçoient fous fon nom par toutes les Mers. Pour Poluretot, il mourut peu de iours apres qu'il fut de retour en Angleterre.

Au commencement de May Monfieur defpefcha le Comte de Rets en Ambaffade vers la Royne d'Angleterre, pour diuertir le fecours qu'elle euft donné aux rebelles François, au preiudice de l'alliance faicte auec le Roy fon maiftre, c'eftoit le premier poinct de fa legation. Le fecond qu'il remonftra fut le dangereux exemple qu'elle

lonnoit à ſes peuples , veu qu'elle leur
enſeignoit de ſe ietter entre les bras d'vn
Prince eſtranger pour fauoriſer leur rebellion : Pour le troiſieſme poinct , que le
party du Roy de France eſtoit à preferer à
des gens bannis iuſtement pour leurs crimes, & que Dieu ne laiſſeroit long temps du-
rer ; ioinct que le Roy pourroit porter ſes
armes contre les Anglois, auec leſquels au-
rement il vouloit viure en amy & bon
voiſin. Il ſe plaignoit auſſi du rauage de
Belle-Iſle. Elle eſtoit à Grenouuich ſur la
Tamiſe à deux mille de Londres , & alla au
deuãt de luy iuſqu'à Douure, d'où arriuãt à
Londres elle luy offrit tout ce qu'il demanda pour le Roy. Le Preſident de Touret fut
auſſi peu de temps apres de la part du Roy ,
prier la Royne d'Angleterre luy permetrte
de viſiter la Royne d'Eſcoſſe Marie Stuard
retenue priſonniere en Angleterre, afin
de la conſoler, & voir de par ſa Majeſté ce
dont elle auroit affaire, pour la ſubuenir en
ſa neceſſité: ce qui fut fait en la fin de Iuin.

Retournons à noſtre premier ſujet du
Siege de la Rochelle, d'où nous eſtions eſ-
garez pour la route de Belle Iſle.

Le 24. d'Auril la batterie des Catholiques ſe recommença, qui dura iuſqu'à neuf
heures du matin : laquelle ceſſée ceux de la

ville ayants contreminé sous le Bouleuard
de l'Euangile, & apres y auoir mis le feu,
firent creuer la mine des Catholiques, mais
auec peu de perte, pour la petite quantité
de la poudre.

Trefue &
abouché.   On ne cesse toutesfois de continuer à parlementer, se faisant iournellement de iour
à autre quelque ouuerture de bonne condition. Les feux d'artifices & arquebusades
ne laissoient toutesfois de se pratiquer au
dommage des plus infortunez.

Le 25. les Catholiques mirent le feu à la
mine du Bouleuard de l'Euangile qu'ils
auoient plus auancée que l'autre, pour la
faire sauter à l'instant que le Canon iouoit,
mais la terre tomba à costé, ce qui causa
qu'il ne mourut tant d'hommes qu'il eust
fait, lors les Catholiques se iettant des
tranchées aux fossez monterent brauement au rauelin.

Le Comte du Lude fit aussi auancer nombre de cuirasses, pour soustenir ses arquebusiers à la porte de S. Nicolas, où ils firent
si resolument qu'ils franchirent la contre-
escarpe, & gagnerent le fossé, dont ils furent en fin repoussez auec peu de perte des
leurs. Cependant on ne laissoit rien à faire
aux autres endroits, ains tousiours trauail-
loit aux mines, & ce pour contregarder les

foldats qui ne combattoient point en feu-
eté eſtans à deſcouuert, & firent tant qu'ils
irent tomber le Bouleuard de l'Euangile,
& ſpecialement vn coin qu'ils auoient ia
out miné : les Rochelois y perdirent peu
l'hommes fors qu'à la reſiſtance qui ſe fit
our empeſcher les Catholiques de mon-
er apres la mine iouée.

Les Catholiques recognurent le peu d'a-
iantage que les mines donnent ſi elles ne
ont bien conduites, en ce qu'elles laiſſent
e plus ſouuent des flancs de terre qu'elles
euent aux deux coſtez : derriere leſquels
es aſſiegez ſe remparât auec ſacs pleins de
erre, bariques, pippes, mantes pleines de
erre, & autres preparatifs, tiroient auſſi
eurement qu'à la faueur des plus aſſeurez
gabions que l'on euſt ſceu dreſſer.

Les Rochelois firêt vne ſortie par vn trou
qui reſpondoit à l'endroit où eſtoient les
Catholiques, & dônerent à la premiere mine prés du Bouleuard, que les Catholiques
auoient gagné, couuerte d'aix & de plan-
ches, où ils s'eſtoient tres-bien gabionnez
& retranchez pour aller couuerts à ladite
mine de la muraille, d'où il eſtoit mal-aiſé
le les chaſſer; ils en vindrent neantmoins
le telle façon aux mains, qu'il fallut que
es Rochelois quittaſſent tout, ſans ſe plus

opiniaſtrer. Les Catholiques ne pouuans longuement demeurer là, eſtan-
fort commandez des arquebuſades, quitterent auſſi toſt.

Ce meſme iour le Maire enuoya à Monſieur quelques articles que le Conſeil & le
peuple auoient trouué bon pour leur ſeureté : on ne ſçait ce qui y eſtoit contenu,
l'iſſue du Siege le fera voir.

Iean de Monluc Eueſque de Valence aucunement diffamé des hereſies de
Iean Caluin, eſtant en Polongne imprima
aux cerueaux des Eſtats Polonois d'eſli-
re Monſieur pour Roy : Requiſt que de
la France luy fuſt ennoyé le ieune Lanſac pour coadiuteur ; le Doyen de Die y
vint auſſi auec nouueaux memoires &
inſtructions : Puis y vint l'Abbé de l'Iſle,
qui ayda fort au ſieur Eueſque. Au commencement de Ianuier iournée fut aſſignée
à Varſouye, & fut remiſe l'election au
mois d'Auril.

Le 1. de May les Rochelois ſe trouuant
fort incommodez pour le pont de bois,
mirent toute peine de le faire bruſler, mais
ils n'y firent rien, tant pour la reſiſtáce que
firent les Catholiques, que pour eſtre le
pont de bois couuert de bonnes plaques de
fer.

La nuict

La nuict du 9. May ils contreminerent &
irent quitter aux assiegeants leur mine
& le corps de garde qu'ils defendoient, où
ils demeurerent iusques a 9. heures du matin que les Catholiques y tirerent trois canonnades dont ils remplirent les creux de
terre.

Le lendemain à la Diane fut fait sortie *Sortie.*
par la porte des deux Moulins dé six vingts
arquebusiers qui surprirent & taillerent en
pieces le corps de garde qui estoit en la
tranchée de la Corderie. Sur ce tout le peuple fut exhorté de se trouuer au Bouleuard
de l'Euangile pour entendre les articles
que Monsieur leur enuoyoit, lesquels n'e-
stans assez aduantageux, selon leur iuge-
ment, ils ne laisserent aussi de faire sortie le *Sortie.*
dixiesme du mois, à dix heures du soir, de
quatre cens arquebusiers , & cinquante
cheuaux, par la porte de Maubec droit aux
maisons ruinées de Congnes, où surpre-
nants le corps de garde ils mirent tout en
route, horsmis cinquante qui demeurerent pour aduertissement aux autres de se
tenir sur leur garde mieux que ceux-là: sur
quoy les Catholiques pour se reuencher
donnerent sur les deux heures du matin si
brusquement sur le Bouleuard de l'Euangile que le trouuans abandonné d'vne le-

G

gere garde de fuyards, ils eurent le loisir de paſſer outre, & euſſent fait plus de mal, s'ils euſſent eſté ſuyuis : ils ſe contenterent d'emporter le Drapeau du Capitaine la Riuiere le Lys.

Le 13. May auant iour eſtimant que les aſſiegez fuſſent endormis, comme parauant, monterent à la breſche de la vieille Fontaine, où ils trouuerent teſte, & le ſoir les Rochelois ſortirent par le Bouleuard de l'Euangile, auec feux artificiels & matieres ſeiches pour bruſler le pont, les gabiós & autres couuertures, mais ſi chaudement que les Catholiques furent contraints d'abandonner leur corps de garde pour l'incommodité du feu & de la fumée qui les gaignoit.

Commencement de famine. En ce temps la famine commençoit de gagner ſur le peuple, non qu'il n'y euſt aſſez de prouiſions pour les riches, mais le menu peuple n'ayant faiƈ prouiſion, ſouffroit deſia beaucoup, de façon qu'eſtant deſpourueu des biens de la terre, ils eurent recours à la mer, & ſe repeurent des moules, palourdes, petoncles, huiſtres, & autres coquillages. Pour fauoriſer leur petite queſte on leur donnoit eſcorte de nombre d'arquebuſiers pour arreſter les Catholiques de la Carraque. Nonobſtant tout ce-

a quelques vns estoient deliberez de pre-
enter requeste aux fins de conseiller au
Magistrat de changer la guerre en vne
douce paix, crainte de plus grands maux,
mais craignant aussi d'estre soupçonnez de
e porter pour le Roy ils se desisterent.

Montgommery ayant pris Belle Isle,
omme auons dit cy dessus, y seiournoit en
ttendant l'Anguillier (qui briguoit plus
rand secours des Anglois) & se delibera
e secourir les Rochelois, sinon de gens,
our le moins de viures: Partant il despes-
ha la Meosse auec cinq petits vaisseaux
ortans quelques milliers de poudre,
uantité de bled, & autres prouisions.

La Meosse ayant faict voile quelque
emps, & aduerty de l'estat de l'armée Na-
ale des Catholiques, & manquant de vent
e resolut de ne passer outre, mais attendre
ne meilleure occasion. Le Capitaine Ar-
aut parauant Lieutenant du Capitaine
ip, estoit auec luy, & commandoit à vn pe-
t vaisseau, portant sept poinçons de bled
uec sept soldats, lequel se voulut efforcer
e passer outre, tellement que luy soufflant
n Nord Oest aussi tost qu'il eust descou-
rt l'Isle de Ré & faict mettre ses gens en
s, il feignit d'estre pescheur & passer
és l'armée pour vendre son poisson, s'a-

uançant comme cela à demy voile n'ayant
que son haut bourcet & la Misene deffrel-
lee en forme de pescheur, tel qu'il se disoit à
ceux qui luy commandoient d'amener.
Aussi tost qu'il se vit contre la Carraque, &
au mitan du Canal pour passer outre, il abat
sa grande voile qu'il amure aussi tost, &
guindant la Siuadiere en haut voulut singler à toutes voiles: mais il n'auoit assez de
vent, ce qui fit qu'il commanda de prendre
les rames à tous les siens, & d'vne vogue
redoublée outre-passa toutes les canonnades & coups d'arquebuses qu'on luy tiroit; aussi tost qu'il fut approché de la Carraque les soldats de dedans ne luy furent
chiches d'arquebusades, il n'y' eut toutesfois nul d'entr'eux blessé que le Capitaine
en vn bras, il gagna la ville & seruit de
beaucoup aux Rochelois qui n'auoiēt plus
de poudres; il se mit entre les deux tours
de la Chesne, & auoit vingt & deux caques
de poudre & autres munitions.

Le 20. de May.

Pour asseurer les Catholiques que le secours estoit grand, ils firent dés le lendemain iouer toutes les pieces & tirer grand
nombre d'arquebusades, distribuants la
poudre aux Soldats qui en vouloient, &
toute la nuict firent courir force charrettes
pour donner à entendre aux Catholiques

de la ville & autres soupçonnez, que c'estoit la poudre nouuelle dont ils remplissoient le magasin.

Le Vicomte d'Vsez fut tancé par Monsieur d'auoir fait mauuaise garde, & merueilleusemét triste du blasme que tous luy donnoient d'auoir esté si peu soigneux de faire bonne garde, veu qu'il commandoit à l'armée de mer : honteux d'vn tel accident, tomba en vne fieure qui peu à peu l'emporta, regretté toutesfois des Catholiques qui l'auoient tousiours eu en bonne estime.

Les Rochelois au contraire ioyeux, se resolurent de faire vne saillie le 23. du mois de 400. Soldats qui furent partis en deux bandes, l'vne conduite par Maronnieres se deuoit ietter aux tranchées, & enfiler le plus auant qu'il pourroit, puis se retirer au lieu où l'autre bande les deuoit secourir & assister pour la retraicte ; mais comme les premiers eurent chargé viuement, fait quitter les tranchées & encloué plusieurs pieces par la mort de cent cinquante Catholiques, voyants les autres qui fuyoient de toutes parts, la pluspart des soldats s'amusa au butin qu'ils trouuerét beau, mesme dessus le Comte de Rets & sur Strossi & autres, au lieu de passer outre, si bien que

Le 23. de May font vne sortie.

les plus chargez s'en retournants en ville
sans ordre ny obeyssance furent cause que
Martonieres fauorisant la retraite de ceux
là, contre le secours qui vint de la Fons,
fut blessé dont il mourut apres, & plus de
trente auec luy, la resistance desquels fut
occasion que les premiers se sauuerent
auec huict enseignes, quantité de cuirasses
& de morions, rondaches, espieux, halte-
bardes, espées, arquebuses, & autres armes, & entrerent en la ville auec de bon
butin.

Arriuée de
renfort des
Suisses.

Les Suisses lors nouuellement venus au
camp apres auoir fait les monstres de leurs
troupes à S. Sandre deuant Monsieur, entrerent en garde pour mieux asseurer leur
artillerie, & les tranchées contre les assiegez.

Les 25. & 26. l'artillerie ne cessa de iouer,
tant pour esplanader les bresches que pour
fauoriser les mines prestes à iouer estans
closes & sellées, mesmement contre le
Bouleuard de l'Euangile, & ses defences,
cependant que toute l'armée estoit en armes & disposée à l'assaut general, que l'on
vouloit liurer apres le ieu des mines.

Lors les assiegez descouurants le bataillon des Suisses entre la Fons & Ronsay,
leur tirerent quelques coups de canons,

qui les firent retirer plus à quartier vers les François : qui au saut des mines deliberoient (plus qu'en autre effort) d'entrer en la Rochelle.

A midy Monsieur arriué au fort de sainct *Le feu mis à une mine.* Martin le feu fut mis à vne des petites mines, qui fit selon la coustume breche pour deux hommes de front, les Rochelois s'y encoururent soudain pour la remparer, cependant que l'on mit le feu à vne autre qui *Le feu mis à la 2.* fit bien plus grande ruyne, il y falloit toutesfois monter, à la defence de laquelle plusieurs accoururent estimans que ce fust la derniere , mais elle fit bien autre ruyne que toutes les deux.

Le Sieur du Gast qui estoit en garde auec son regiment demanda la pointe de l'asſaut auec son dit regiment & nombre de Gentils-hommes, qui l'y voulurent accompagner, les enseignes y marcherent resolument suiuis de bon nombre de soldats, qui furent repousſez. Le Capitaine Goas ordonné pour la recharge, se presenta brauement & fit abandonner la bresche aux assiegez, & se retirerent en leurs retranchemens où l'on ne donna pas viuement; le Sieur de Pouliac, qui menoit les Gascons, donna le second rafraichissement , mais les Rochelois ietterent si grande quantité de feux artificiels, grenades, cercles, & autres telles matieres , que le Capitaine Goas mort & le Capitaine Pouliac & le Colonel blessé, ces trois regiments se retirerent.

Le Comte du Lude cependant apres auoir disposé les siens, gaigna par escalade le Gabus & le Nauire prochain , mais on y tira tant de coups que pour n'estre secourus à temps, ny comme il falloit, ils quitterent la prise.

Le plus grand effort se fit à la bresche qui estoit depuis le Bouleuard de l'Euangile iusqu'à la vieille Fontaine, defendus par les Capitaines & soldats secourus de l'enragée hardiesse des femmes & chambrieres Rocheloises, lesquelles armées & embastonnées, firent actes de soldats ou de nouuelles Amazones, aussi appelle-on encor cet endroit le Bouleuard des Dames: les Catholiques perdirent ce iour là de quatre à cinq cens hommes, & les assiegez enuiron quelques cinquante à soixante hommes. Toute la nuict suiuante ils sonnerent le Tocsain pour se tenir à l'erte & sur pieds.

Les Rochelois enorgueillis de cette issue, font promptement sortir les goujats & valets le vingt-septiesme du mois de May, pour harrasser les Catholiques. Ces valets estoient couuerts de chemises blanches,

'efpée nue au poing, qui donnerent l'allarme aux tranchées, en forte qu'ils eurent le
oifir de fe retirer par Congnes.

Le 28. furent pris trois hommes qui
eftoient chargez de poudres & balles qui
tafchoient d'entrer en la Rochelle.

Le vingt-neufiefme les Catholiques def-
cendirent dans le foffé deux Canons pour
acheuer les cafemates & le parapet des affiegez. Ce iour le Maire permit à prés de
60. perfonnes des affiegez de pauures gens
hommes & femmes fortir de la ville.

Pendant ce temps les Proteftants furpri-
rent Villeneufue prés de Mirebel en Languedoc, firent affemblée à Nifmes, ne vou-
lants s'accorder aux conditions que le Roy
auoit offert aux Rochelois à l'inftante priere des Polonois, & promeffe qui leur en
auoit efté faicte par Iean de Monluc Ambaffadeur en Polongne, quoy que tres-ad-
uantageufes pour eux tous en general; ils
les eftimoient neantmoins defectueux, tãt
la conferuation de cette place les auoit rendus temeraires & audacieux, demandans
plufieurs articles infolens & fcandaleux.

Le vingt-neufiefme iour fut tiré plufieurs coups de Canon en ruyne à trauers
les maifons, qui tuerent plufieurs perfonnes & renuerferent quántité de maifons.

*Ville furprire-
fe par les
Huguenote.*

*Monluc
Euefque de
Valence eft
partifan des
Proteftans.*

Et ce mesme iour, le bruit fut fort grand en
l'armée que Monsieur estoit esleu Roy de
Pologne, où il s'achemineroit si tost que la
Rochelle seroit en l'obeissance du Roy, à
fin de receuoir la Couronne, selon la forme & coustume des Polonnois. Ce iour
là les Rochelois sortirent pensans surprendre vn corps de garde, mais ils furent
repoussez furieusement en la ville auec
perte de nombre d'hommes.

4. Iuin.

Le 4. de Iuin à la veuë de Monsieur qui
estoit present aux tranchées, on pensa forcer vne casematte afin de gagner plus auāt
dans le fossé, mais le peu de bonne volonté
qui s'y monstra, ioint la resistance des assiegez furent cause que l'on ne fit rien sinon
percer 2. tours afin que l'on ne descouurist
où se faisoiēt les mines. Ce iour là mourut
Monsieur de Pouliac, Maistre de Camp.

Sortie.

Le cinquiesme les Rochelois firent vne
saillie furieuse dans les tranchées, & apres
meurtre de plusieurs soldats renuerserent
les gabions que l'on auoit dressez pour y
ranger les canons à battre la tour de la porte de S. Nicolas, & les barricades aussi.

7 Iuin.

La nuict du septiesme vn Capitaine nommé Bequin, monta sur la breche, & des-
couurit toute la forteresse que l'on faisoit
par le derriere.

Le 8. furent menées vers Tadon six pieces pour y commencer la batterie. Les Confuls de Montauban entrerent en la Ville pour parlementer auec le Maire & Efcheuins de ladite ville, leurs alliez, & ce par le commandement de Monfieur.

Le vnziefme on mena force fumiers & bois aux tranchées, pour mettre aux mines, & efperoit-on que l'affaut fe donneroit bien toft, & fut commandé enuiron midy à quelques Regiments de fe loger & coucher aux tranchées, comme auffi à bon nombre de Nobleffe, ignorans ce qui fe deuoit faire, iufques fur les deux heures apres minuict que Monfieur arriua aux tranchées.

Le 12. au matin furent plantez quatorze efchelles entre deux tours fans eftre defcouuerts, & lors qu'elles furent plantées, quelques cinquante monterent fur la muraille qui commencerét à combattre, & recogneurent les tranchées qui eftoient derriere la muraille, auec grád courage, & s'ils euffent efté fecondez la ville eftoit prife deflors, il y en demeura quelquesvns, car le gros & fecours de la ville arriua là; il en fut tué quelques vingt de cefte entreprife.

Le 13. iour trefues furent faites, & fut traité & parlementé à la porte de Congnes, & *Trefue & pourparlé.*

se tindrent toute cette nuict là les Rochelois à l'erte de peur d'estre surprins en vn
mauuais temps de pluye.

Arquebusa-
des pendant
la tresue.
Le 14. fut derechef sur le soir parlementé
à la porte de Congnes, & en se retirant de
là Monsieur de Torel qui estoit auec Monsieur, fut blessé au col, & la balle vint frap-
per Monsieur luy coupant la fraise de sa
chemise, & vn autre coup qui luy porta sur
la main, le tout sans le blesser, Monsieur
de Vinson grand Escuyer fut tué.

Pourparlé
& tresue.
Le 15. Monsieur retourna parlementer, &
fut conclud qu'ils donneroient leurs articles pas escrit.

Sortie.
Le 17. les Rochelois firent vne saillie,
mais à leur dommage, pource qu'ils furent
rechassez furieusement iusques à la porte,
& en fut prins plusieurs d'entr'eux prisonniers: l'allarme rappaisée Monsieur monta
sur mer à Chef de Baye, & là fut couronné
Roy de Pologne en grande magnificence.

La feste & resiouyssance fut saluée par les
canonnades des Nauires & Galeres. Il
fut tiré grande quantité de canonnades des
tranchées Royales, qui firent tomber enuiron vingt brasses de murailles, ce qui
causa vne forte & chaude allarme aux assiegez, qui se presenterent pour se mettre en
defence.

Le 19. au matin les assiegez firent vne sortie vers Tadon, où ils prindrent plusieurs Pionniers, & des soldats qu'ils emmenerent en la ville, autres blessez, ils estoient sortis en deliberation d'amasser le poisson, mais la Cauallerie les attendoit du costé de la mer vers la porte S. Nicolas, où furent prises quelques femmes, qui auoiét sorty pour amasser de l'herbe, & donnerent aduis qu'ils auoient grande disette de viures en la Rochelle, excepté les soldats qui viuoient assez bien. Il fut tiré quelques coups de canons à la breche & aux defences, là où ils se monstroient.

Le 20. ils sortirent plusieurs sur la mer habillez en femmes, meslez auec les femmes, mais qui auoient bonnes arquebusades & pistoles, ils furent là peu de temps que les soldats se débanderent de leur corps de garde, courants ausdites femmes, & en prindrent quelques vnes, mais ces femmes desguisées tuerent nombre desdits soldats: cette escarmouche dura plus d'vne heure, & icelle paracheuée sortit le Capitaine la Riuiere, sa femme & sa famille, & huict cheuaux de suite, qui furent menez à Estré au quartier des Suisses.

Le 23. arriua vn Ambassadeur de Polongne, & cependant on battoit de grande fu-

Sortie.

*Sortie &
stratageme.*

rie la tour de la porte S. Nicolas, laquelle fut renuersée par terre, ce qui les estonna fort.

Pourparlé. Le lendemain iour S. Iean Baptiste on
parlementa au Pauillon, dressé pour cet
effet aux fins de moyenner la paix. Cette
nuict les Rochelois euenterent vne des
mines où furent tuez quelques pionniers.

*Pourparlé
& le der-
nier.* Le 25. on parlementa derechef au Pauillon, & mesmes furent enuoyez au Roy les
articles qu'ils auoient donnez l'apres-dis-
née, & parlerent au mesme lieu le Sieur de
Biron & la Nouë, & les soldats s'entre-
uoyoient librement & beuuoient ensemble.

Le 27. Monsieur partit de Nieuil pour
aller en l'Isle d'Oleron, attendre la responce du Roy. Cependant le Roy de Nauarre
& le Prince de Condé partirent du Camp
pour se retirer à la Court. Toute la Noblef-
se se retiroit aussi, & la plus grande part
de l'Infanterie, & les viuandiers & marchands emmenerent leurs marchandises.

10. Iuillet. Le 10. Iuillet Monsieur lors Roy de Pologne receut les Patentes de sa Maiesté sur
les articles des Rochelois, par lesquelles sa
Maiesté entendoit & vouloit auoir ses
subiets plustost par douceur que par force,
& leur octroyoit la paix, laquelle fut pu-

bliées tant au Camp que en ladite ville, le
Samedy vnziefme du mois.

Geoffre & la Pinaudiere chefs pretendus
qui fans adueu tenoient garnifon dans Au-
beterre ville & chafteau, & auoiét fait plufieurs courfes fur l'armée Royale & fur les
Catholiques du pays, apres les plaintes que
de tous coftez l'on faifoit contre eux, aban-
donnerent la place, fentans approcher le
Canon & les Suiffes pour les affieger.

A l'iffue de là les Suiffes furent licentiez
& conduits iufques aux frontieres de leurs
Cantons.

Quant aux malades & bleffez durant ce
Siege, l'on mit ordre de les traicter au
bourg de Puilleboyreau. Et y auoit grande quantité de Medecins & Chirurgiens
enuoyez exprés de Paris, & fut ordonné
fept mil liures par mois aux defpés du Roy,
ils faſoient trois repas par iour, & à chacun repas chaque malade auoit vn pain de
fix onces, & de chair de mouton & de veau
trois onces de chacune, & des côfitures fur
le iour, & tenus fort nettement & blanche-
ment de linges, ne couchant iamais plus de
deux en vn lict. Quant aux eftropiez de
bras & iambes, ils auoient places de Religieux lays en Monafteres & Abbayes de
fondation Royale.

Voila l'iſſue au vray du Siege de la Rochelle, & le notable ſeruice qui fut rendu au
Roy Charles IX. pour vne tant prodigieu-
ſe deſpence qui fut faite par le General de
l'armée.

RELATION DV

SIEGE DERNIER DE LA

Rochelle, sous le tres-Chrestien, & Inuincible Roy Louys XIII. à present heureusement regnant.

DEPVIS la leuée du precedent
Siege de la Rochelle de l'an
mil cinq cens septante trois,
non seulement les habitans d'i-
celle auoient repris leur liberté
& resolution premiere de se maintenir en
ie ne sçay quelle imagination de souueraineté à l'aduenir, mais aussi continuoient
leur principauté sur les autres villes
de la Religion pretenduë reformée. Et
pour se maintenir en ce degré de supe-
riorité firent prouision de tout ce qui
estoit necessaire pour rendre leur ville imprenable, redoublerét leurs fortifications,
remplirent leurs magasins, prepareret vne
quantité incroyable de canons & munitions de guerre, grand nombre de vaisseaux pour accroistre leur pouuoir sur la
mer, iusques là que s'estans trouuez asseu-

H

rez contre tous leurs voisins, & se voyans
venus au poinct des moyens qu'ils desi-
roient, ils commencerent à mettre bas
toute crainte, mespriser les Roys & les
Princes, donner la loy aux autres villes de
leur intelligence, & à projetter vne domi-
nation de l'estenduë iusques à la riuiere de
Loyre. Ce qu'ils executerent assez dex-
trement, tant par la liberté du commerce,
& de la hantise des estrangers, & principalement des Anglois leurs grands amis, que
pour les troubles du Royaume : la Ligue
ayant d'autre part donné des trauerses aux
deux Roys predecedez Henry III. & IIII.
surnommé le Grand, le decez duquel
estant suruenu au regret de la France, ils re-
doublerent les effects de leurs pretensions,
vsant à leur souhait de l'occasion de la mi-
norité du Roy.

C'est pourquoy ils ietterent aussi tost les
fondemens de leur grandeur, & ne cesse-
rent de faire assemblées ordinaires, non
pour le faict de leur Religion pretendue
reformée, mais pour preuoir aux affaires
de leur Estat, iusques à establir des officiers, créer des Secretaires d'Estat, des Ad-
miraux, decerner des Patentes, battre
monnoye, bailler commissions pour leuer
des gens de guerre, & faire tous autres

actes de souueraineté. Et ils s'auācerent en
fin de faire leur Admiral le sieur de Soubize, lequel l'an 1624. abusant de l'authorité
de cette nouuelle Admirauté, projetta vn
grand butin qu'il pouuoit faire de ses pira-
teries, voleries & brigandages : comme de
faict assisté des vaisseaux que les Eglises
pretendues reformeés luy auoient mis en
main, tout aussi tost se mit à courir sus aux
marchands trafiquans sur les costes de Bretagne, de Poictou, Xaintonge & Guyenne, se saisit d'Oleron, où il exerça tous les
actes d'hostilité qu'il se peut faire, rauagea
le païs de Medoc & du Bordelois, iusques
à prouoquer les iustes ressentimens & la
patience du Roy, qui les auoit par tant de
fois chastiez en l'Isle de Rié & autres ren-
contres, outre les defences qu'il leur auoit
faittes tant de fois de plus faire assemblées de toutes leurs Eglises pour deliberer
des affaires d'Estat, & entreprēdre aucune
chose contre son Estat & ses subiets. Et
d'autant que tous les effects des entreprises
du sieur de Soubize ne prouenoient d'ailleurs que desdites assemblées, lesquelles
furent mesmes blasmées par quelques vns
de leur party pour lors, il y en eut quelques
escrits publiez par ceux qui preuoyoient le
malheur, auquel le sieur de Soubize, se

H ij

fiant aux refolutions defdites Aſſemblées,
plongeroit en peu de temps les Egliſes pretendues reformées. Comme veritablement il n'y a aucun doubte que ce ſont les
moyens ordinaires que pratiquent ceux
qui braſſent des changemens d'Eſtat; les
loix des Républiques mieux policées les
ont touſiours defendues, & tenus pour
criminels de leze Majeſté ceux qui s'aſſem-
bloiẽt ſans la permiſſion de leur Prince
ſouuerain. Les loix des douze Tables les
auoient expreſſémẽt abolies, *Cœtus noctur-
ni ne fiant*. Ce ſont ces aſſemblées cachées,
ſecrettes & non aduouées par le Magiſtrat
legitime, que l'Orateur Latin appelloit
tacita ſuffragia. Les Conſtitutions des Empereurs les qualifient ſeditieuſes, & caſſent
tout ce qui y a eſté reſolu. Le titre y eſt exprés au Code, *de ſeditioſis, & de his qui plebem
contra rempublicam audent colligere.* Or auant
que de venir à la deſcription de ce qui s'eſt
paſſé au dernier Siege de la Rochelle, qui a
deſormais retranché & terraſſé toute l'eſperance de pouuoir rien entreprendre par
les Egliſes pretendues reformées, il ſera
bon de toucher en bref ce qui s'eſt fait de
part & d'autre. Car les Rochelois n'ont pas
eu faute de bons aduertiſſemés, & meſmes
de ceux de leur party, & entres autres du

fieur Tilenus docte perſonnage, & lequel ne pouuant approuuer celles procedures des Rochelois, leur donna l'Aduer-
tiſſement qui ſuit, qu'il eſt à propos d'in-
ſerer icy, afin de monſtrer qu'ils n'ont eu
faute de bons aduis, & qu'on leur a predit
ce qui leur eſt arriué. Il eſt donc en ces termes.

MESSIEVRS, Encor qu'en voſtre Aſſemblée, il y ait des Theologiens, des Iu-
riſconſultes, & autres perſonnages, qui
doüez de prudence & d'experience, ne
peuuent eſtre ſuſpects d'ignorer les Loix
diuines & humaines; & qu'il ſemble ſuper-
flu de vous enuoyer des aduertiſſemens
de loing: Ce neantmoins, ne trouuant aſſez d'harmonie entre les proteſtations que
vous faites de voſtre obeyſſance au Roy,
& la ſuitte de vos actions & deportemens,
voyãt que meſmes en vos proteſtations &
remonſtraces, qui n'eſt que de la peinture,
on trouue quelques traicts mal faicts, & des
couleurs mal appliquées : I'ay penſé, qu'il
pouuoit eſtre de vous, comme de ceux qui
ont bien la veuë aſſez bonne, mais qu'vn
rideau deuant la feneſtre, ou quelque autre
choſe exterieure, empeſche de voir ce qui
de ſoy eſt fort viſible: & que ce n'eſt pas par
ignorance que vous pechez, mais par in-

Aduertiſſe-
ment à l'Aſ-
ſemblée de
la Rochelle.
par Abrah.
Tilenus,
imprimé
l'an 1611.

H iij

aduertance, pour ne regarder affez fouuent ce que noftre doctrine & confeffion
de foy nous reprefente en affez groffes lettres. Et donc comme pour tirer vn rideau,
ou pour ofter tel autre obftacle qui em-
pefchel'vfage de la veuë, le premier venu y
peut feruir, fans qu'il foit befoin d'vn Ocu-
lifte ou Medecin; ainfi ne me fuis-ie pas
propofé icy de vous enfeigner ce que vous
ne fçauez pas; mais de vous ramenteuoir
ce à quoy vous ne fongez pas; addreffant
ce Difcours à voftre Memoire, non à voftre Entendement. Il arriue fouuent qu'vn
homme ignorant fe prefente fans temerité
ny prefomption pour confoler mefme fon
Pafteur, quoy que fort fçauant, quand il le
void troublé de quelque affliction, & qu'on
ne luy puiffe rien dire qu'il ne fçache beaucoup mieux qu'vn tel Confolateur: & toutesfois cette confolation deuient vne efpe-
ce d'inftruction, au moins pour la Pratique,
fans laquelle la Theorique n'eft qu'vne ta-
blature fans Mufique ny harmonie. Si
apres auoir ouy vne bonne Predication,
ou leu vn bon liure, nous faifions, comme
quand on fe leue de la chaire d'vn Barbier,
à fe regarder au miroir pour voir fi le poil
eft bien roigné, en confrontant le Tiltre
que nous prenons, auec la vie que nous

menons, noftre Reformation auroit plus
de grace, & moins befoin d'aduertiffemés:
mais ie crain, qu'on ne die de nous, comme des Atheniens, qu'ils aimoient l'argent
feulement pour le conter, non pour s'en
feruir; auffi que nous parlons de Reformation plus pour nous en vanter, que pour
nous reformer.

Or ie prefuppoferay icy comme vn Prin-
cipe aduoüé de tous ceux qui aduoüent &
recognoiffent en eux-mefmes, l'infirmité
de noftre nature: affauoir; Que nos efprits
quelquefois n'apperçoiuent, ou ne confi-
derent pas affez les chofes mefmes les plus
manifeftes; comme auffi il aduient fouuent
que nos yeux ne voyent pas ce qui eft à nos
pieds, iufques à paffer par deffus ce qui
eft deuant nos yeux mefmes. Chacun fçait,
qu'en traictant auec fon prochain, il luy
doit autant de candeur & de fincerité, qu'il
en requiert de luy; mais l'efpoir d'vn grand
aduantage l'esblouit quelquefois de telle
forte, qu'il ne peut ou ne veut voir la lumiere de cette belle & claire maxime. Chacun veut eftre obey & feruy de fon valet à
poinct nommé, fans luy rendre raifon
pourquoy il luy commande cecy ou cela;
& penfe auoir pleine liberté de luy defen-

H iiij

dre vne chofe, que n'agueres il luy auoit
permife: mais quand il reçoit quelque commandement de fon fuperieur, qui n'eft à
fon gouft, il fe fafche, il fe tourmente, &
n'eftime pas eftre tenu d'y obeïr, ny eſti-
mer raifonnable ce commandement, fi le
fuperieur ne luy en rend raifon, fi l'infe-
rieur n'approuue la raifon du fuperieur.
Il n'y a donc nul inconuenient d'aduertir
fon prochain des chofes quoy que notoi-
res, quand elles font neceffaires & falutai-
res; puis que ce n'eft pas affez de les auoir
vne fois apprinfes & comme ferrées au cabinet de la memoire; mais qu'il faut auffi
les auoir en la main, preftes & promptes
pour la pratique & l'exercice: ioint, que fi
les chofes obfcures fe peuuent efclaircir
par difcours, & les douteufes prouuer par
raifons; les claires fe peuuent rendre encor plus claires par repetitions, & plus effi-
cacieufes, les faifant penetrer iufques aux
affections.

Ne trouuez donc pas mauuais, Meffieurs, fi on vous exhorte à vous reffouue-
nir de tous ces Commandemens de Dieu,
qui nous recommande du Ciel, l'obeyffance que nous deuons à ceux aufquels il
nous a foubmis en terre. Vous auez ap-
prins dés voftre ieuneffe; *Que refifter aux*

puiſſances ſuperieures, c'eſt reſiſter à l'ordonnan- Rom 13. v.
ce de Dieu: que ceux qui y reſiſtent feront venir 1. 2. 5.
condamnation ſur eux meſmes: Qu'il faut eſtre
ſubiect, non ſeulement pour l'ire, mais auſſi pour 1. Pier. 2. v.
la conſcience, aux maiſtres, non ſeulement 13. 18.
quand ils ſont bons & equitables; mais auſſi aux
faſcheux. Que ceux ne peuuent rendre à Dieu ce
qui eſt à Dieu, qui ne rendent à Ceſar ce qui eſt Matth. 22.
à Ceſar; puis que c'eſt Dieu qui nous oblige à ſe V 21.
à uoir enuers Ceſar.

Nous auions accouſtumé cy-deuant de
battre de tels canons ceux qui ſe veulent
exempter de cette ſubiection. Nous leur
diſions que tant s'en faut qu'aucune qualité ou degré de dignité Eccleſiaſtique les
en diſpenſe, que S. Chryſoſtome, expo-
ſant le paſſage de S. Paul, (Rom. 13. 1.) y
oblige meſme les Apoſtres, les Euangeli-
ſtes & les Prophetes, encor que ce fuſt Neron, ſoubs lequel S. Paul donnoit ce pre-
cepte aux Chreſtiens: Que Ieſus-Chriſt Matth. 17.
bien que le Roy des Roys, le Seigneur des V. 27.
Seigneurs, voulut toutesfois s'aſſubiectir,
non ſeulement à Tybere, qui ne valoit pas
mieux que Neron, en luy payant tribut,
mais auſſi à Pilate; recognoiſſant que la Ioan. 19. v.
puiſſance que cettuy-cy s'attribuoit de le 10. 11.
crucifier, & de le deliurer, luy eſtoit donnée d'enhaut. Que Daniel eſtant esleué au

supreme degré , & comme au Solſtice
d'honneur en la plus grande Monarchie
qui fuſt lors au monde, & qui auec cette au-
horité & puiſſance, n'euſt manqué de faction & de party (quand il n'y euſt eu que
le grand nombre des Iuifs, qui bien toſt
apres ſe vengerent ſi vigoureuſement des
Perſes, à la faueur d'Eſther & de Mardo-
chée) aima mieux ſe laiſſer ietter en la foſſe
aux lyons, que de troubler l'Eſtat & le repos
public. Que les premiers Chreſtiens, apres
le temps des Apoſtres, obeyſſoient en toutes choſes politiques aux Empereurs, bien
que perſecuteurs, les honorant comme
ceux qui ne cedent qu'à vn ſeul Dieu, *&*
leur ſouhaittans vie longue, Empire aſſeuré, vn
Senat fidel, maiſon ſeure, vn peuple obeyſſant,
le reſte du monde en repos; bref tout ce qu'vn
homme, & l'Empereur meſme ſçauroit ſou-
haitter.

Vous direz que vous en dictes autant en
vos aſſemblées, en vos prieres, en vos re-
monſtrances: Ce n'eſt pas aſſez de le dire,
de faire cette confeſſion par les levres ; il
faut monſtrer ſa foy par les œuures : autrement on dira que vos propos reſſemblent
aux Cyprés, qui ſont beaux & grands ; mais
ne portent fruict qui vaille. Ces anciens
Chreſtiens dont nous parlons, obeyſſoient

Eſther c.9.
v.5.16.
Dan.6.16
Tertul. ad
Scap. c.31.

Idem Apo-
log.c.30.

auſſi bien (hors l'impieté) à vn Diocletian
Payen, à vn Iulian Apoſtat, l'vn & l'autre
leur perſecuteur, qu'à vn Conſtantin leur
bien-faicteur. Cependant en apparence ils
auoient beaucoup plus de raiſon pour leur
reſiſter, & de moyens pour ſe cantonner,
& s'oppoſer à ceux qui non ſeulement leur
oſtoient toute liberté d'exercice de leur
Religion, mais qui en puniſſoient la ſimple confeſſion auec les plus cruels ſuppli-
ces du monde. Voicy comment ils parlent
par la bouche de Tertullian: *Si nous voulions*
eſtre ennemis ouuerts, manquerions-nous de
forces & de gens de guerre ? voire comme s'il y
auoit plus grand nombre de Mores, ou de Mar-
comans, ou de Parthes, ou de quelque peuple que
ce ſoit d'vn ſeul pays, qu'il n'y a de Chreſtiens
par tout le monde. Nous ne ſommes venus que
depuis hier, par maniere de dire ; & cependant
nous auons remply tout ce que vous auez: villes,
Iſles, Chaſteaux, bourgades, Communautez,
armées, tribus, maiſons publiques, la Cour de
l'Empereur, le Senat, les Iuriſdictions: nous ne
vous auons quitté que les temples. Quelle guer-
re ne pourrions nous ſouſtenir, quand meſmes
nous ſerions en moindre nombre, puis que nous
ſouffrons la mort ſi allaigrement; n'eſtoit que no-
ſtre profeſſion nous oblige pluſtoſt à eſtre tuez,
qu'à tuer. Voire nous nous pouuions combattre

Apolog.
c. 37.

sans armes, & sans estre rebelles, seulement en nous separant d'auec vous. Car si vne si grande multitude d'hommes que la nostre se fust retirée en quelque pays estrange, vous eussiez eu honte de faire perte de tant de citoyens : la seule separation vous eust esté punition : vous eussiez esté estonnez de vostre solitude, & eussiez esté contraints de chercher des gens à qui commander : il vous fust resté plus d'ennemis que de citoyens, &c.

Quand l'Empereur Valentinian le ieune, seduit par sa mere Arrienne, demanda les Eglises à S. Ambroise ; il offrit son bien, son corps, prest à aller en prison, au supplice, plustost que de faire assemblée ou amas de peuple pour resister comme il le pouuoit : Me veut on contraindre (dit-il) ie ne sçay que c'est que de me defendre. Quand S. Gregoire dict, que s'il eust voulu se mesler contre les Lombards, il eust eu moyen de les chasser d'Italie, & qu'il ne leur fust resté, ny Roy, ne Duc, ne Comte, &c. nous remarquons vne notable difference entre luy, & Gregoire VII. Iules II. & autres Papes guerriers : mais nous ne remarquons pas celle qui est entre nos peres, qui souffroient constamment toutes sortes de supplices pour la Religion, & leurs enfans, surprenans des villes, donnans des batailles,

Orat.cont.
Auxent.

faisans tout autre acte d'hostilité, pour la mesme querelle. La bonté de nos derniers Roys, continuée par celuy que Dieu nous a donné en sa benediction à present, nous a non seulement deliurez de tous les maux soufferts par nos Peres; mais comblé de tous biens, par l'octroy des villes de seureté, entretenement de garnisons, mesmes de nos Pasteurs & Academies; admission des nostres aux charges politiques & militaires; erection des Chambres my-parties, &c. Au lieu que du temps de Tertullian, le Chrestien n'aspiroit pas seulement à la charge d'Ædile : nous voyons parmy les nostres non seulement des Conseillers d'Estat, & des Cours de Parlement; mais aussi des Ducs & Pairs, des Mareschaux de France, des Gouuerneurs de villes, & de Prouinces entieres: & cependant on oyt des cris, des lamentations, des gemissemens plus pitoyables, que du temps de nos peres, quand on les menoit au feu & au gibet. I'enten, que c'est à grand tort, qu'en vos Remonstrances vous vous plaignez du manquement au payement des garnisons & des Pasteurs. Celuy qui est ordonné pour y satisfaire, s'inscrit icy en faux, & declare s'en estre deuëment acquitté. On dict, que vous mesmes en auez retranché

Apolog.
c. 46.

vne partie, pour l'employer aux frais de voſtre Aſſemblée. Vous deuiez donc auſſi retrancher cette partie de vos plaintes. Peut-eſtre en employez vous vne autre, à remuer la terre pour remplir vos baſtions; ne pouuant remuer le Ciel, comme fit cette legion fulminatrice compoſée de Chreſtiens, ſoubs l'Empereur Marc Aurele; parce que vos deportemens ne ſymboliſent non plus auec les leurs, que le Carabinage de vos Bandoliers, auec l'humilité des anciens Martyrs.

Nos vieilles Maximes, qui diſent; Que l'Egliſe ſe doit planter par le glaiue ſpirituel, non par le materiel; Que la Religion ſe cultiue mieux ſoubs la Croix que ſoubs les armes; Que les Religieux ſe monſtrent plus reformez en l'affliction, qu'en la proſperité; Que la moiſſon eſt plus grande, apres que le champ du Seigneur a eſté arrouſé d'vne pluye de ſang; Que le zele eſt plus pur en la fournaiſe de perſecution, que parmy les delices & les dignitez du monde, &c. Ces vieilles maximes, dy-ie, ne ſont plus que contes de vieilles: & comme ces belles langues, l'Hebraique, la Grecque, & la Latine ne s'apprennent plus que par les liures; auſſi ces belles ſentences ne ſe trouuent plus en la pratique & en l'vſage

de nos gens, ains ne feruent que pour la de-
coration de quelque Prefche, felon les oc-
currences. On fait plus d'eftat du bouleuard de l'Euangile qui fe void au lieu de
voftre Affemblée, que de toutes les armu-
res contenuës & reprefentées en l'Epiftre
aux Ephefiens chap. 6. les cuiraffes de fer
font pluseftimées que le hallecret de Iufti-
ce: il eft à craindre qu'en fin les houlettes
de nos Pafteurs deuenus Tribuns, ne de-
uiennent picques de Bifcaye, & qu'ils ne
quittent la Bible pour prendre le mouf-
quet, l'efcritoire pour l'harquebouze.

Mais on nous manque de paroles, dictes
vous, on a anticipé le chágement en Bearn;
on reuoque la permiffion de nous affem-
bler, on criminalife l'Affemblée, dont nous
auions pour garands le premier Prince du
fang, & le Seigneur le plus chery du Roy.
Ie ne veux point entrer en examen de ce
qui vous a efté promis ou permis; ie n'ay
non plus de curiofité pour le fçauoir, que
de vocation pour en informer. Soit ainfi
comme vous le pofez: Quand on auroit
efgratigné, ou mefmes esbreché l'Edict en
beaucoup plus de fortes que ne portent
vos plaintes, ny la verité du faict: la parole
de Dieu, à laquelle nous nous rapportons
toufiours, qui eft le feul flambeau pour ef-

clairer nos pieds, pour addreſſer nos pas,
nous apprend que l'Edict de Cyrus faict en
faueur des Iuifs, pour rebaſtir le Temple &
la ville de Ieruſalem, fut rompu bien toſt
apres, & fort long temps deuant la mort de
Cyrus: Daniel, comme à eſté dict cy deſſus,
auoit plus d'authorité & de pouuoir en la
Monarchie des Perſes que nul autre; mais
iamais il n'eſſaya à le faire reſtablir ou obſeruer par force ou par brauade : il n'eut recours à autres armes, qu'aux larmes, aux
ieuſnes, & aux prieres. Eſdras pouuoit al-
leguer les meſmes raiſons que vous, voire
en plus forts termes, en reiettant la cauſe
de l'infraction ſur les Conſeillers du Roy,
qui en eſtoient les vrais autheurs, ainſi que
nous le liſons en ſon hiſtoire formellemēt:
pour tout cela, le peuple conduit par Zo-
robabel, & inſtruit par Aggée & Zacharie,
ne fit iamais deſſein de s'oppoſer à l'Edict
d'Artaxerxes, qui leur eſtoit contraire,
portant defence de continuer leurs ouurages. On attendit en patience vn autre Edict
plus fauorable obtenu en fin d'vn autre
Roy. Et quand Nehemie fit reſiſtance aux
ennemis, ordonnant que les ouuriers tien-
droient en vne main la truelle, & l'eſpée en
l'autre; il eſtoit appuyé de l'authorité Royale, contre des Toparches & Gouuerneurs
particuliers,

Dan. 10. 1.

Eſdr. 4. v. 5.

Eſdr. 6. v. 1.

Nehem. 4.
v. 17.

particuliers, ennemis des Iuifs, qui vouloient trauerser & empefcher ce que le Roy
auoit authorifé publiquement. Vous penfez efpargner le Roy, & garder le refpect
deu à fa Majefté, en declamant contre fes
Cohfeillers, en les declarant vos ennemis:
mais c'eft taxer le iugement du Souuerain,
de blafmer l'election qu'il faict de fes Officiers: c'eft l'honorer en apparence, & l'ou-
trager en effect. Ainfi les foldats de Pilate
veftirent noftre Seigneur d'efcarlate, &
s'agenoüillans deuant luy, le faluerent Roy
des Iuifs; mais en mefme temps le cou-
ronnerent d'efpines, & luy cracherent au
vifage. Après force proteftations de voftre obeyffance & deuotion au feruice de
noftre Roy, vous faictes les Roys vous
mefmes, vous enuoyez des mandemens
aux Gouuerneurs des villes, pour fortifier
leurs places, vous contraignez les habitans
à contribuèr, vous difpofez des finances,
&c. Actes qui mettent autant d'efpines en
la Couronne du Roy que Dieu vous a donné & ordonné, autant de crachats contre
fon facré vifage, & contre le Ciel mefmes,
d'oùils retomberont fur les voftres, fi vous
ne preuchez fa iufte couroux par voftre
ferieufe & prompte repentance. Vous voulez eftre obeys quand vous commandez

aux pauures laboureurs de quitter leur be-
songne, pour trauailler à vos fortifications;
& ne tenez conte des commandemens de
voſtre Souuerain, quand il veut qu'vn chacun ſe retire, & ſe repoſe en ſa maiſon, &
pretendez baſtir celle de Dieu par la rebellion contre ſes Lieutenans, ſur les maſures
de l'authorité Royale. Gardez qu'il ne
vous en prenne comme aux Iuifs, lors que
ſoubs Iulian ils voulurent rebaſtir le Temple de Ieruſalem, & que voſtre ouurage ne
ſe renuerſe ſur les ouuriers, accablant les
Architectes auec leurs modeles, que les vns
demanderoient volontiers à la Suiſſe, ou à
la Holandoiſe, les autres à la Gretque, par
l'eſtabliſſement de quelques Deſpotes,
Tetrarches, menus Satrapes, & petits Ty-
ranneaux. Tels Gouuernemens ouurirent
anciennement en Grece le chemin à la do-
mination des Romains, & depuis quelques
deux cens ans, l'ont eſplanadé à celle du
Turc.

Vous voulez que le Roy ſoit obligé de
ſatisfaire & d'obſeruer de poinct en poinct,
tout ce que ſon predeceſſeur vous a promis de ſa bonne volonté, & de pure grace:
Mais vous ne conſiderez pas aſſez, que
vous luy deuez toute obeyſſance par obligation diuine, naturelle, & ciuile. Souue-

nez vous que nul Roy n'est lié aux ordonnances de ses predecesseurs, non pas mesme aux siennes: autrement il n'auroit pas
la puissance de les changer ou casser, selon
la necessité des temps, & autres occuren-
ces, ny mesmes de dispenser de telle ou telle loy, celuy de ses subiects que bon luy
semble. Aux loix de Dieu, & de nature il
est obligé sans contredit: toutesfois s'il luy
aduient d'y contreuenir, il n'a autre Iuge
que Dieu. Car toute puissance & iurisdiction qui est en son Royaume, ne se peut
deriuer que de luy. Dauid Roy & Prophe-
te nous apprend ceste Theologie, lequel
apres auoir grandement violé l'vne & l'autre loy par son adultere, comblé de meurtre, confessant son peché, dict ainsi que
nous chantons en nos Eglises.

En ta presence i'ay forfaict.
S'est-ce qu'il auoit aussi fait bien grand
tort à son fidel seruiteur Vrie: ainsi il n'a-
uoit autre Iuge que Dieu pour l'en punir.
Ainsi l'entendoit S. Ambroise: *Dauid,* dict
il, *estoit Roy: par ainsi il ne pouuoit estre obligé à
aucune loy: parce que les Roys sont libres des
liens de leurs pechez, car ils ne peuuent estre punis par les loix, à cause de la puissance de leur
Empire: il n'auoit donc point peché à l'homme,
ne luy estant subiect, ny obligé.* Saul auoit

Psal. 51.

Apol. Dau.
cap. 10.

commis choses encor plus enormes contre la loy diuine, non seulement par l'iniuste, & opiniastre persecution contre Dauid ; mais par l'horrible massacre de si
grand nombre de Sacrificateurs, & par la
cruelle destruction de tout vne ville, où il
n'espargna pas mesmes les femmes, & les
petits enfans. Dauid estant desia Roy esleu, & oingt par l'exprés commandement
de Dieu, auoit plus de vocation & d'authorité, que nul Maire de la Rochelle, ou
President d'Assemblée defendue. Mais il
ayma mieux quitter sa patrie, & se retirer
en pays estrange, qu'anticiper le temps
que Dieu auoit ordonné pour le mettre en
possession du Royaume qu'il luy auoit
donné.

Les Ordonnances & les Edicts qui con-
cernent la police, sont de leur nature subjects à diuers changemens : mais l'authorité
& puissance de les changer ou reuo-
quer, n'appartenant qu'au Souuerain, il
n'y peut estre assubietty luy-mesme. Vray
est, qu'il y doit proceder auec grande cir-
conspection & prudence, visant tousiours
au bien & au salut public, qui est la souue-
raine loy : mais s'il luy aduient de se mes-
prendre, il n'a pour cela aucun Iuge en
toute la terre ; autrement il ne seroit plus

Souuerain! Les verifications de ses Ediés aux Parlemens, ne sont pas marques de quelque authorité collaterale, mais preuues de la fidelité de ses officiers, qui atte-stent qu'il n'y a rien qui ne soit pour le bien du Roy & du Royaume. Si donc il a eu raison de vous promettre ou permettre quelque chose, il y a six mois, vostre deuoir est de croire, qu'il n'en a pas moins main-tenant à la vous defendre : & pour cela il ne peut non plus estre blasmé d'inconstan-ce, qu'vn bon Pilote qui change tantost les voiles, tantost la route, selon la neces-sité. Vne loy ne doit pas raisonner ou argumenter; elle n'est pas donnée pour nous rendre sçauans, mais pour nous ren-dre obeyssans : il suffit que le Legislateur en sçache la raison, sans qu'il la nous de-clare. Le Roy vous laisse l'vsage de cette liberté en vos maisons à l'endroit de vos seruiteurs, de vos enfans, de vos pro-pres femmes : vous leur ordonnez & commandez ce qu'il vous plaist, sans y ad-iouster tousiours le pourquoy : Et vous ne luy permettez le mesme au gouuernement de son Estat, dont il n'est responsable qu'à Dieu & à sa conscience. Quelle au-dace! il vous desplaist d'estre criminali-sez: c'est du crime dont il faut auoir des-

plaisir & horreur, non de l'accusation.
Vous vous estes assemblez apres la defen-
se faicte: vous foulez aux pieds la sacrée
authorité de celuy, qui seul vous peut commander & defendre ce qu'en telles occasions vous deuez faire, ou laisser. Rien ne
touche icy la liberté des conseiences, ny
l'exercice de la Religion. Il n'y a article en
nostre Confession de foy, ny au Symbole
des Apostres, ny texte en l'Euangile qui
authorise, ou qui concerne telles assemblées, qui ne les condamne, au lieu de les
conuoquer. Sa Majesté de sa pure grace
nous permet les Ecclesiastiques ordinaires,
& en certain temps des politiques extraordinaires. Et quand elle renoqueroit son
Edict tant pour les vnes comme pour les
autres, la doctrine que nous professons
ne nous permettroit pas pour cela de reuo-
quer en doute l'obeyssance que nous luy
deuons: Si vous ne nous monstrez de tex-
tes aussi exprés pour la resistance, que nous
en auons cy-dessus allegué pour la submis-
sion. Nos Synodes nationaux auoient de
coustume cy-deuant, de faire vne deputa-
tion au Roy pour confirmer & renouueller à sa Majesté les protestations de ce deuoir au nom de toutes les Eglises. Le dernier tenu à Ales, depuis vn mois ou enui-

ron, apres auoir deliberé six ou sept iours
s'il le failloit faire, a conclu en fin de n'en
rien faire : & ce, pour commencer à se ven-
ger de ce qui s'est passé en Bearn. Que si le
Roy là dessus vouloit conclurre à son tour,
qu'il ne faut plus souffrir en son Estat telles
Assemblées, où se font telles deliberations
& conclusions ; il ne feroit que faire
sentir la pointe de sa iuste seuérité, à ceux
qui abusent & mesprisent si indignement
les fruicts de sa bonté & clemence. La seule deliberation sur telle chose, est rebellion
manifeste. C'estoit ce que disoit Mucian à
Vespasian: *Qui deliberant, desciuerunt.* Nostre Roy, apres auoir longuement souffert
les refus de ses gracieux offres à ses subiects de Bearn, leur laisse à cette heure autant de loisir pour deplorer leur opiniastreté, qu'auparauant ils prenoient de peine pour luy en donner, & s'en procurer
pour eux-mesmes à l'aduenir. S'ils ont
esté poussez de mouuement de Religion,
ou de doute de leurs assignatious, ie m'en
rapporte: mais puis que du temps du feu
Roy, ils receurent bien la Messe, bannie
du pays depuis vn long-temps ; quelqu'vn
pourroit penser, qu'en ces dernieres con-
testations, il y a eu plus de soing du tempo-
rel, que de zele pour le spirituel. Quoy que

Tacit. hist.
lib.2.

I iiij

œſoit, nous voyons que le long repos a
engendré vne grande intemperie tant'au
commun de noſtre corps, comme en la
plus-part de ſes membres.

A Charenton on void des eſpouſes qui
portent leurs patrimoines pendus aux au-
reilles, ou ſur la gorge, auſſi bien que celles
dont parle Seneque. Cet excés eſt accompagné de feſtins, qui ont beaucoup plus
de conformité auec les banquets des Pon-
tifes Payens, qu'auec les Agapes des premiers Chreſtiens. Telles folies ſe laiſſent
boire, & ſe pourront guarir par quelque
diette & diſette: & s'il eſt queſtion de ſe
refugier en Suiſſe, ou à Geneue, les vns ſe
purgeront la bourſe, cependant que les
autres ſe font tirer du ſang. Mais c'eſt pitié
de voir cette manie publique: faire des Aſſemblées illicites; rendre telles, meſmes
celles, que la permiſſion du Roy faiſoit li-
cites; où ſe font ces folles deliberations,
où ſe prennent ces malheureuſes conclu-
ſions: munir les places, choiſir des Capitaines, ſe preparer en fin à la guerre, ſans, &
contre la volonté du Souuerain, auquel
ſeul Dieu a donné le glaiue: Ce ſont des
folies qui ont plus beſoin de Ciguë, que
de Hellebore; de Commiſſaires, que de
Curateurs: Ie ne ſçay ſi celuy qui preſidoit

n'agueres en ce corps cacochyme d'Ales,
sentant cette discrasie en sa propre teste,
s'est ordonné luy mesme vn changement
d'air plustost que d'humeur. On ne sçait
pourquoy il est en fuitte. Bien sçait-on, ce
que dict le Sage ; *Que le meschant fuit, sans* Prouerb.
que personne le poursuiue. C'est ce qui aug-28.v.1.
mente l'estonnement en ceux qui ne le
mettront iamais de ce nombre.

Au reste, il faut que ie vous die, Messieurs, que si vostre obeyssance au Roy ne
consiste qu'en paroles sans effect, en fueilles sans fruict ; vostre charité enuers vos
freres logez de deçà le Iordain, ne leur
monstre pas seulement des fueilles. Quand
vous aurez allumé le feu par delà, la fumée qui s'en espandra au long & au large,
fera pleurer amerement plus de trois cens
mille personnes de deçà la riuiere de Loire. Adioustez y le peril spirituel, quand au
lieu de trois proselytes que vous ferez de
delà, vous ferez icy plus de trois cens hy-
pocrites ou Epicuriens, priuez d'vne Religion, & desgoustez de l'autre. Et qu'au
lieu d'abolir ou diminuer quelque super-
stition, vous multiplierez & prouignerez
l'Atheisme, cent fois pire que nulle super-
stition, comme l'Anarchie est plus detesta-
ble que la plus grande Tyrannie. Cecy doit

faire comprendre à vostre Assemblée aussi
bien qu'à ceux de l'Eglise Romaine, qu'au
moins vne partie des Huguenots ne peut
non plus approuuer vos actions, que profi-
ter aux euenemens dont elles nous mena-
cent. Si cette partie est la moindre, aussi
est-ce la plus saine, la plus ferme & resoluë
à insister & persister immuablement en la
fidelité & obeyssance de son Souuerain.

Estimez-vous peu de chose, de donner
non seulement occasion, mais cause & sujet suffisant pour faire vn Schisme en la cō-
duite de nos affaires politiques, qui pourra bien estre suiuy d'vn autre en la Religion, si vous considerez les altercats & dis-
putes n'agueres esmeuës au Synode d'Alès
sur la reception ou rejection des Canons
de Dordrech, & du liure du sieur du Moulin sur cette matiere ? Vous sçauez qu'il se
presenta vn Ministre, & des plus habiles
que nous ayons, soustenant que ce liure
contenoit heresie, & s'offrant à le prouuer:
encor que le grand nombre l'ait lors em-
porté, si est-ce que le petit pourra croistre,
& le grand diminuer. Desia i'enten que plusieurs se plaignent du formulaire de ce serment, qu'on pretend d'oresnauant exiger
de tous les Ministres. Plusieurs n'attendent
que l'occasion pour remuer cette Camari-

s. Non seulement les nostres, mais aussi
quelques Catholiques Romains se sont
plaints autre fois de ce que l'administra-
tion des affaires d'Estat, a esté entre les
mains des Prelats: alleguás plusieurs exemples que nous lisons dans nostre Histoire.

Mais vous n'auez moins de suject en
vos assemblées, de prendre garde aux Ministres, que les Venitiens à en esloigner les
Prestres: En celle de Saumur l'an 1611. les
plus grands d'entre les nostres, le iugerent
ainsi. Le zele de quelques-vns de cette ro-
be, n'est que fureur, & la presomption de
leur sagesse, est la plus dangereuse folie
qui soit. Ils ne peuuent deuenir sages, parce qu'ils se persuadent de l'estre en perfe-
ction. Le Genie de telles gens a mis en
combustion l'Holande, & le traittement
qu'ils y ont faict faire à leurs compagnons,
qui ne pouuoient souscrire à toutes leurs
opinions, iustifie les plus aspres persecu-
tions que les nostres souffrirent iamais
sous les Princes Catholiques Romains,
sans en excepter le Pape. Cy deuant nous
disions, que la Religion se doit persuader,
sans forcer, qu'elle entre mieux és esprits
en enseignant, qu'en commandant; en
exhortant, qu'en menaçant: que nul tour-
ment du corps, n'imprime meilleur senti-

ment à l'ame. Nous approuuions grandement ce passage de Lactance, qui se plai-
gnant des Payens dit : *Ils employent la force*
pour se faire croire, bien qu'elle soit ennemie de la
verité. Cela leur arriue, pource que prenans Su-
perstition pour Religion, ils se trompent aussi aux
moyens de la conseruer. La Religion ne fructifie
pas en tuant, mais en mourant : ne se maintient
pas dans la cruauté, mais par patience ; non de
perfidie, mais par foy : Aux meschans à commet-
tre telles laschetez ; aux gens de bien à pratiquer
les vertus contraires. Si tu arrouses de sang la
Religion, si tu la cultiues par tourmens ; si tu la
maintiens par tyrannie : ce n'est plus la mainte-
nir ; c'est la souiller ; c'est la violer : Car il n'y a
chose si volontaire, que la Religion ; en laquelle
si le cœur, de qui la professe est contraint ; ce n'est
plus Religion, c'est contrainte, &c.

Le Serenissime Roy de la grand' Bretaigne, comme il a cognu dés le berceau
ces Puritains, ainsi les a-il depeint de leurs
couleurs, & pourueu selon sa prudence,
qu'ils n'ayent pas tant de moyen, que de
volonté, à troubler ses affaires. C'est à
vous, Messieurs, de prendre garde, à ce
que les plaintes que vous faictes touchant
les Sermons de quelques Curez, ne soient
iustement renuoyées & retorquées sur les
Presches de vos Ministres ; & que nostre

eformation ne se termine plustost en
nitation de ce que nous huons tant redaite
té, qu'en restablissement de la pureté
nt promise d'vn costé, & attendue de
autre: & que ceux qui la cherchent dans
os œuures, & ne la trouuent que dans nos
ures, ou au bout des leures, ne disent
ue l'Eglise que nous appellons Reformée, ressemble aux boites des Droguistes,
qui ont de beaux escriteaux par dehors,
mais s'il y a quelque peu de bon onguent
u dedans, il y a bien de l'ordure meslée
parmy, & des drogues bien esuentées.

Tenez donc pour certain, que ne plus
ne moins que nous, qui sommes de deçà,
tenons la Royauté pour la plus excellente
& la plus parfaicte forme de Gouuernement qui soit au monde, aussi demeure-
rons nous inseparablement attachez à l'o-
beissance & fidelité de nostre Roy, & sans
rien excepter, sinon ce que le Roy des
Roys s'est reserué, & que celuy qui nous re-
presente cy-bas son image, ne nous veut
pas oster, nous en permettant l'exercice
exterieur & public aussi libre, que le senti-
ment interieur, qui ne se peut oster ny
changer autrement que par raison & persuasion. Nous recognoissons, & reco-
gnoistrons tant que nous respirerons, cet-

te grace que S. M. nous ottroye, & la sup-
plions tres-humblement, de ne la point re-
uoquer pour l'ingratitude de ceux qui s'en
rendent indignes : esperans aussi que sa iustice ne luy permettra pas de faire participer à la peine ceux qui n'ont nulle part à la
coulpe : n'estant raisonnable, que ceux qui
n'ont point mangé l'aigret, ayent les dents
agassées, comme d'autres qui ne peuuent
digerer les fumées que le grand' heur, & la
vaine confiance de leurs murailles, enuoye
aux cerueaux plus creux que leurs fossez.
Quelque mutin dira, qu'est-ce qui nous
nous fait parler ainsi : ie luy respons, que
l'audace & la temerité sont de pareils auant-
cours de la calamité, que nul y est si tost en-
terré, que celuy qui n'a rien apprehendé.
L'apprehension & l'affliction ne suggerent
pas toussiours les plus mauuais conseils :
mais bien souuent ils adiudent aux ruine de la
prosperité, & de la sagesse. Grand' heur &
grand iugement ne logent pas toussiours
ensemble. C'est pourquoy nostre affaire ne
doit pas estre mesprisé, quand mesmes vne
iuste crainte auroit enfanté comme mere,
ce que la raison diuine & humaine a engendré comme pere. Le dommage nous rend
sages ; le torrent d'vne grande felicité em-
porte quelquefois les plus saines & saluai-
res opinions.

Que si nonobstant les protestations de
nostre fidelité au Roy, conforme à nos
actions, Dieu veut, pour nos autres pechez,
nous enueloper au chastiment commun,
on ne lairra pourtant de discerner ceux qui
ont porté de l'eau pour esteindre ce feu,
d'auec les autres, qui y versent de l'huille
pour l'augmenter. Par la secousse d'va sem-
blable mouuement, la bouë rendra de la
puanteur, & le parfum vne odeur agreable. *Iusques icy Talebus.*

Voila l'Aduertissement que ce sçauant
homme donnoit à l'Assemblée de la Rochelle, lequel s'ils eussent bien gousté &
suiuy, iamais ils ne fussent tombez aux in-
conueniens & à l'estat auquel ils sont maintenant reduicts. Car on peut veritablement
dire, que la douceur de cette liberté de se tenir assemblées, les a tellement charmez,
qu'ils ont oublié la crainte de Dieu, & le
respect qu'ils estoient tenus porter à leur
Prince naturel. De là sont venuës les cour-
ses desraisonnées du Sieur de Soubize, lequel fut si outrecuidé, que de se saisir des
vaisseaux de sa Majesté, pour se rendre maistre des Isles de Ré & d'Oleron: ce qu'il
eust faict, si la prouidence du Roy, auec
l'assistance du Ciel, n'y eust promptement
remedié. Et par le moyen de ces Nauires,

que le Roy auoit retenus pour s'en seruir,
encores qu'ils fussent à Monsieur de Ne-
uers, iceluy Soubize prit l'occasion au tēps
que Monsieur d'Espernon estoit empesché
contre ceux de Montauban, afin d'auoir le
moyen de se rendre dans le pays de Medoc
pour y exercer toute sorte de pilleries, voleries & cruautez; ce qu'il executa. Mais
ayant esté promptement chargé par le sieur
de Toiras, qui s'y transporta par le commandement du Roy, il fut soudain contraint de regaigner ses vaisseaux, & de quitter tout son butin sur terre, auec les chasteaux & bourgs desquels il s'estoit saisi.
Mais la suitte de ses exploits ne fut pas
plus heureuse: car il se vit en moins de rien
chassé de l'Isle de Ré, par la valeur & le
courage de Monsieur l'Admiral de Montmorency, qui auoit desia recouuré les vaisseaux du Roy qu'il auoit pris, & puis gaigna
la victoire nauale signalée contre les Rochelois, & les mit en telle desroute auec le
sieur de Soubize, qu'ils n'eurent autre retraitte que ladite Isle de Ré: & remarque-
on qu'ils en furent chassez le mesme iour
que ledit Seigneur de Montmorency Admiral de France, & General de l'armée nauale du Roy, remporta la victoire susdite.
Ainsi toute l'Isle de Ré fut remise en l'o-
beyssance

beyſſance du Roy le 14. Septembre 1625.
par la vertu & le courage des tres-vaillants
Seigneurs & Capitaines Monſieur le Duc
de la Rochefoucault, Meſſieurs de S. Luc
& de Toiras, & autres, qui s'y côporterent
d'vn courage nompareil, ſoubs la conduitte dudit Seigneur Admiral.

Ainſi voit-on que le reſultat des Aſſemblées donnant au ſieur de Soubize la charge & les moyens tels qu'auoient les Rochelois, n'ont rien ſeruy ſinon que d'en receuoir vne miſerable honte, & marque perpetuelle de rebellion.

Mais ſi l'inſolence des Rebelles fuſt demeurée en ce poinct, ſans s'aduancer plus
outre, & paſſer iuſques aux extremitez, il
en euſt mieux eſté pour eux: Il falloit qu'ils
en viſſent la fin, & par les remedes extre-
mes ils fuſſent accablez de miſeres extre-
mes. Il ne reſtoit que le ſecours d'Angleterre pour donner quelque aſſeurance à
ſes deſeſperez: C'eſt pourquoy le ſieur de
Soubize défait par mer,& par terre,n'ayant
plus de lieu aſſeuré en tout le Poictou, ny
ailleurs, pour ſe retirer, fut contraint de ſe
refugier en Angleterre, où apres vn long
ſejour, il fit tant qu'il obtint le ſecours qu'il
auoit eſperé; mais à ſa confuſion, & à la
honte des Anglois.

K

Sur le bruit de l'appareil de ce secours,
chacun demeura eſtonné, de voir pour vne
nouuelle alliance de la France auec vn peuple voiſin, vne ſi eſtrange reſolution; au
lieu de produire vn ferme lien d'amitié, ſe
declarer ennemis contre ceux qui auoient
porté chez eux le ſignal de la Concorde,
laquelle ſe cimente ordinairement par les
mariages. Ce ne fut pas neantmoins ſans
quelques pretextes, mais bien froids, & mal
projettez, qu'ils ſe declarerent amis des
Rebelles de la France; dont l'Admiral
d'Angleterre fit publier vn Manifeſte, lequel auſſi toſt qu'il fut venu à la cognoiſſance de la France, on ne manqua pas d'y
reſpondre: & ce fut le ſujet du Diſcours du
fidele François, lequel à cauſe qu'il contient les deportemens iuſtes de ſa Majeſté
à l'endroit des Rochelois, i'ay eſtimé qu'il
meritoit d'eſtre icy entierement rapporté.

L'Autheur eſcrit au Roy d'Angleterre
touchant l'iniuſtice de ſes armes contre la
France.

Au Sereniſſime Roy de la grande Bretaigne.

SIRE, Voſtre Majeſté ayant eſté ſoi-
gneuſement eſleuée dés le berceau en la
cognoiſſance de toutes les vertus propres
à vn fils de Roy, que la naiſſance deſtinoit
au regime & gouuernement des peuples;

il n'eſt pas que vos Precepteurs ne vous
ayent appris que la Deeſſe Themis eſtoit
aſſiſe à la dextre de Iupiter, pour ſignifier
que c'eſt proprement par la Iuſtice que les
Roys regnent, & qu'elle doit eſtre inſepa-
rable de toutes leurs actions. *Il n'eſt point
plus grand que moy s'il n'eſt plus iuſte*, diſoit
Ageſilaus du Roy de Perſe, qui s'attribuoit
le tiltre de grãd Roy. Et ſi auec l'inſtitution
vous auez encore eu deuant les yeux vn ſi
parfaict exemplaire qu'eſtoit ce tres-bon &
tres-vertueux Prince le feu Roy voſtre pere; il ſemble que vous ſoyez moins excuſa-
ble s'il vous arriue de commettre quelque choſe d'iniuſte & contre raiſon.

Preſuppoſant donc par cette premiere
nourriture, que voſtre ame ſoit teinte, & nõ
pas ſeulement arrouſée d'vn vray amour de
Iuſtice, ce n'eſt point voſtre Majeſté que i'e-
ſtime eſtre digne de blaſme, mais bien ſon
mauuais conſeil, de ce qu'elle s'eſt ſi facile
ment laiſſé emporter à rõpre l'amitié qu'elle auoit contractée auec le plus grand Roy
de la terre, & qui vous ayãt voulu honorer
de ſon alliance, vous auoit preferé à tout
autre. Auſſi ce mariage s'eſtoit faict principalement à deux fins, & pour conſeruer
vne bonne intelligence entre deux Cou-
ronnes ſi voiſines, & pour en le faiſant pro-

curer par mesme moyen quelque relasche
au mauuais traictement que les Catholiques reçoiuent dans vos Estats, afin que
respirans plus de liberté en leurs conscien-
ces, ils en eussent en partie l'obligation à la
France, laquelle auoit soigneusement sti-
pulé cela dés la premiere ouuerture qu'on
fit de cette alliance. Mais nous auons esprouué tout le contraire, en ce que lors
qu'on croyoit que l'amitié estoit plus affer-
mie, la rupture s'en est faicte de vostre costé, non peu à peu, comme les meilleures &
plus sinceres affections s'alterent quelquefois, mais l'on vous a veu tout soudain es-
clater comme la foudre rompt & creue la
nuë. On n'a pas pour preface veu naistre
aucun sujet de refroidissement, ny chose
qui tesmoignast quelque rancune de vostre part; mais d'abord & sans autre plainte
vous auez chassé de vostre Cour tous les
Ecclesiastiques qui y estoient pour seruir la
Reyne vostre chere Espouse: Mesmement
ces bons Peres de l'Oratoire, lesquels il vo⁹
auoit pleu de receuoir en Angleterre, n'y
ont pas faict long sejour, ayans à leur retour deploré le calamiteux estat des Catholiques vos subiects, à qui on reputoit à
crime si quelquefois ils s'efforçoient d'assister au diuin Seruice pour consolation de

leurs ames, en vn pays où ils font fi affamez de cette pafture fpirituelle. Le piteux
fpectacle de voir auffi les prifons regorger
de pauures innocens qui fouffrent pour la
Religion, leur attendriffoit tellement le
cœur, qu'ils redoubloient leurs prieres à
Dieu à ce qu'il infpiraft à voftre Maiefté
quelque fainct mouuement pour les trai-
ter auec plus de grace & de commifera-
tion. Mais parce que ce n'eft pas à moy de
cenfurer les actions d'vn Prince qui prend
l'encenfoir à la main, & qui fe qualifie Chef
de l'Eglife, comme vous faictes; ie ne m'e-
ftendray pas d'auantage fur cela, n'en ayant
dit ce mot que par la mutuelle charité qui
doit eftre entre les membres d'vn mefme
corps, & lefquels compatiffent aux affli-
ctions de la mere cómune des Chreftiens.
Tellement que fi la France fe voit priuée
de ce qu'elle auoit efperé de vous en faueur
de la Religion Catholique, elle n'a pas
moins de fujet de fe plaindre & de fe dou-
loir de ce qu'elle voit ainfi violée vne amitié & confederation qui auoit efté folem-
nellement iurée entre deux grands Roys
pour la tranquilité de leurs Eftats. Certes
nous auions creu que ces liens eftoient fi
indiffolubles, que chofe du monde ne les
euft peu rompre, & que cette nouuelle al-

liance estoit vn vray ciment pour tenir en
perpetuelle concorde des nations si voisines. Mais quand nous auons veu vn Offi-
cier de vostre Couronne, vn Admiral
d'Angleterre se ietter à armes ouuertes sur
la France, y faire descente auec vne flotte
de vaisseaux, y rauager & fourrager les subiects du Roy, y battre & attaquer ses forteresses: Quand, dy-ie, nous auons veu cet
horrible attentat, nous auons bien creu
que vostre Majesté s'estoit grandement
laissé circonuenir par ceux qui l'appro-
chent, & ausquels elle prend creance. Chose qui est auiourd'huy honteuse, scanda-
leuse & de mauuais exemple à toute la
Chrestienté, laquelle ne se peut pas imagi-
ner que vous approuuiez le langage inso-
lent de ce mesme Admiral, quand il dit par
vn Manifeste qu'il a faict courir, *Que vostre*
Majesté ne s'est alliée auec la France que pour
operer plus puissamment & plus vtilement à la
restitution des Eglises en leur ancienne liberté
& splendeur. Que vous estiez demeuré caution
enuers les mesmes Eglises de toutes les condi-
tions de la derniere Paix, où vous interposastes
vostre credit & intercession pour les faire rece-
uoir: Mais que l'issuë n'a esté autre de tout cela
qu'vn abus de vostre bonté: ce mesme Admiral nous voulant encore faire croire que le

Roy auoit promis aux Rochelois *la demo-*
lition du Fort Louys sous vostre garantie. De
sorte que si tout ce qu'il met en auant estoit
veritable, vous auriez peut estre quelque
iuste occasion de vous plaindre: Mais n'al-
leguant que choses du tout faulses, la honte luy en demeurera infailliblement sur le
front. Car de croire que vostre Majesté
n'ait recherché l'alliance de la France à autre dessein que pour procurer l'establissement des Eglises Pretendues Reformées
de ce Royaume contre l'authorité du Roy,
c'est chose qu'on ne se peut pas figurer estre
tombée en l'esprit d'vn Prince si bien nay,
& lequel n'a pas si peu profité en l'Escole
du feu Roy son pere, qu'il n'ait appris de
luy ce qu'il doit d'amour & de respect enuers les Roys ses voisins. Et afin de vous
en rafraichir la memoire, ie vous represen-
teray icy les termes ausquels il vous parle
dans le Liure qu'il dressa pour l'instruction
du feu Prince de Gales vostre frere, au
droict duquel vous auez succedé comme
son puisné. *Que vos deportemens* (disoit ce   Au Present
sage Pere) *vers les Princes vos voisins soient*   Royal part.
ciuils, amiables, & comme de frere à frere. Gar-   2.
dez-leur exactement la foy & la promesse, fust-
ce à vostre dommage. Vainquez-les si vous pou-
uez en courtoisie & recognoissance de plaisir &

K iiij

bien-faict. *Soyez auec eux ouuert & veritable,
comme auec tout autre, gardant auſſi touſiours la
regle Chreſtienne, de ne faire à autruy que ce
que vous voudriez vous eſtre faict, ſur tout en
la rebellion des ſubiets contre leurs Soauerains,
que vous reputerez vn crime commis côtre vous
meſme, à cauſe de l'exemple. Ne prenez donc la
defence des Rebelles contre leur legitime Seigneur, & ne vous fiez en eux; au contraire pre-
ſtez ayde & faueur aux Princes affligez, meſ-
mement par leurs ſubiets.* Cette belle leçon
ayant donc eſté dõnée à voſtre Majeſtĕ dés
ſon enfance, & de la main d'vn tel maiſtre,
ſeroit il croyable que ce fuſt de voſtre conſentement que cet Admiral euſt faict deſcente en France pour y venir troubler le
repos des ſubjets d'vn Roy qui vous eſt ſi
proche allié, & duquel vous n'auez iamais
receu aucun deſplaiſir? Encore la ſuperche-
rie a eſté telle, que ſans aucune denoncia-
tion de guerre il eſt venu attaquer cet Eſtat
contre le droict des Gens, & contre la cou-
ſtume de toutes Nations, veu meſme que
les Romains auant que de courir ſus à leurs
ennemis, & auant que d'attaquer leurs Villes, les ſommoient par des Heraults, & en
euoquoient les Dieux tutelaires. Cette vio-
lente & iniuſte procedure euſt eſté pluſtoſt
attenduë des Corſaires d'Alger, que d'vn

voisin allié de la France. C'est ce qui nous
faict croire aussi qu'il y a eu en cela beaucoup du conseil de Roboam, & que quelques ieunes testes esceruelées ont preualu
par dessus l'aduis des barbes blãches,& des
plus sages vieillards de vostre Royaume,
lesquels ne vous eussentiamais conseillé de
vous embarquer en vne affaire si ruineuse
& si preiudiciable à vostre reputation. Bref,
si i'auois à refuter toutes les inepties qui
font dans ce beau Manifeste que nous a
faict voir le General de vostre armée, i'au-
rois à faire non vn simple discours,mais vn
liure entier. Remarquant seulement com-
me auec vn crayon ce qu'ily a de plus faux, *Response au*
ie supplieray vostre Majesté de croire que *Manifeste*
iamais le Roy ny son Conseil ne vous ont *de Bouquin-*
admis ny pour arbitre, ny pour garand *can.*
d'aucun traicté auec ses subjets. Au contraire il est tres-vray que lors que les Rochelois demanderent la paix, Monsieur
le Duc de Cheureuse, & Monsieur
l'Euesque de Mandes furent chargez de
dire à vos Ambassadeurs de la part de sa
Majesté, qu'ils n'eussent à parler en faueur
desdits Rochelois, ny à se rendre aucunement mediateurs de ce qui les regardoit, que pour leur declarer seulement que
vostre Majesté ioindroit ses armes auec

celles du Roy son frere pour les ranger à
leur deuoir, tout autant de fois qu'ils s'en
esloigneroient par leur desobeyssance &
rebellion. Ce langage là, S I R E, n'est pas
ce me semble vous constituer garand d'vn
traicté de paix.

Faux est aussi ce que l'on a controuué de
la demolition du Fort Louys : Car il n'ap-
paroistra par aucun tiltre que le Roy s'y
soit iamais obligé. Tant s'en faut, le dernier traicté faict auec les Rochelois est dia-
metralemét opposé à cela, quelque eloqué-
ce que Mónsieur vostre Admiral vueille
desployer pour nous persuader le contraire. Ie sçay que c'est vn artifice dont on s'est
seruy pour descrier le gouuernement, &
pour rendre odieux les Ministres du Roy,
comme s'ils estoient si mal entendus en affaires d'Estat, qu'ils n'eussent peu conclure
vne paix auec les subiets de sa Majesté, sans
l'entremise d'vn Prince estranger, ou de ses
Ambassadeurs, & encores les rendre caution de ce qui auroit esté conuenu.

Pourtant, afin d'effacer cette fausse impression de l'entendement de ceux qui se
sont figuré ce qui n'est pas, i'ay creu estre à
propos de representer icy les mesmes Articles du dernier traicté faict par le Roy
auec les Rochelois, l'original s'en trou-

uant chez Meſſieurs les Secretaires d'Eſtat,
leſquels comme perſonnes publiques, & employez au ſeruice d'vn grand Monarque, ne voudroient nullement s'aider d'vn Eſcrit qui ne ſeroit pas authentique.

Le Roy deſirant donner la paix à ſes ſubiets de la ville de la Rochelle de la Religion pretenduë reformée, qu'ils luy ont demandée auec toute ſorte d'inſtances, de
ſubmiſſions, & de reſpects, leur accorde aux conditions qui enſuiuent.

*Articles pour la Ro-
chelle du 5.
Feurier,
1626.*

I. Que le Conſeil & Gouuernement de ladite ville ſera remis & reſtably és mains
de ceux qui ſont du corps d'icelle, en la for-
me qu'il eſtoit l'année 1610.

II. Qu'ils receuront vn Commiſſaire pour y faire executer les choſes qui ſeront
arreſtées pour l'execution de la Paix, & y demeurer tant qu'il plaira à ſa Majeſté.

III. Qu'ils n'auront aucuns vaiſſeaux armez en guerre dans leur ville, & obſerue-
ront pour le trafic les formes eſtablies & vſitées au Royaume, ſans deroger pour ce
qui concerne ledit trafic à leurs priuileges.

IV. Qu'ils reſtitueront tous les biens Eccleſiaſtiques qui ſe trouueront par eux
poſſedez, conformément à l'Edict de 1598. & executions d'iceluy.

V. Qu'ils laiſſeront iouyr plainement &

paifiblement les Catholiques de l'exercice
& fonction de la Religion Catholique
Apoftolique & Romaine, & des biens qui
leur appartiennent en ladite Ville, & leur
reftitueront ce qui fe trouuera en nature,
& razeront le fort de Tadon par eux nouuellement conftruict.

V I. Et fa Majefté ne pouuant accorder
le razement du Fort Louys dont ceux de
ladite ville de la Rochelle font inftance,
promet par fa bonté de faire eftablir vn tel
ordre dans les garnifons qu'il luy plaira
laiffer audit Fort, comme auffi dans les
Ifles de Ré & d'Oleron, que les Rochelois
ne receuront aucun trouble ny empefchement en la feureté & liberté du commerce
qu'ils voudront faire, fuiuant les Loix, Ordonnances & Couftumes du Royaume,
non plus qu'en la iouyffance des biens &
perception des fruicts qu'ils ont dans lefdites Ifles.

Faict & arrefté à Paris le 5. iour de Feurier 1626. figné Haligre, Schomberg, Phe-
lipeau, Montmartin, Manial, Aubry, Ma-
leray, Iean Prou, Theuenin, Darchette,
Manial, Guerin, Ducros, Maleran, le Clerc,
Ducandal, & Pierdon.

Vous voyez par là, SIRE, comme la demolition du Fort Louys n'a pas efté promi-

ſe aux Rochelois, tant s'en faut qu'ils vous
puiſſent reclamer pour garād en cette affaire. Vous voyez, dy-ie, comme la piece que
ie vous produits n'eſt pas ſuppoſée, vn
Chancelier de France, vn des principaux
Miniſtres du Roy, vn Secretaire d'Eſtat,
les deux Deputez generaux de ceux de la
Religion Pretenduë Reformée reſidans
prés de ſa Majeſté, & douze Deputez particuliers de la ville de la Rochelle y eſtans
ſignez. Cela eſtant vray comme il eſt, peut-
on blaſmer le Conſeil du Roy, comme s'il
vous auoit faict interuenir ou vos Ambaſ-
ſadeurs en ce traicté, où il n'eſt non plus
faict mention de vousny d'euxque du grād
Cam de Tartarie? Comment ſe pouuoit
auſſi obliger le Roy à cette demolition, luy
qui eſtoit victorieux par le gaing d'vne bataille nauale, & par la conqueſte des Iſles de
Rié & d'Oleron? Eſtoit-ce pas à ſa Majeſté
de donner la loy au vaincu, & par ce dernier traicté deroger à celuy de Montpel-
lier, dont les Rochelois ſe ſont rendus in.
dignes par leur frequente rebellion? Et cependant, SIRE, voſtre Admiral faict vn
cry de nation par ſon Manifeſte, comme ſi
la France eſtoit bien en ſon tort, & qu'elle
violaſt ce qui auroit eſté ſolemnellement
promis. Vous deuiez donc vous reſſouue-

nir de l'inſtruction que le Roy voſtre Pere
vous donne dans le meſme liure que ie
vous ay deſia allegué, & où il vous appréd,
que la guerre eſt iuſte la quelle eſt fondée ſur vne
querelle & cauſe iuſte, & que vous auez à vous
garder que le tort ne ſoit iamais de voſtre coſté.
C'eſt ce qu'il falloit bien mediter auant que
de s'engager à vne ſi temeraire entrepriſe,
& d'où il eſt à eſperer qu'il n'y aura que
de la confuſion pour ceux qui vous y ont
porté. Car Dieu, ce grand Dieu des armées,
qui protege le droict des innocens, armera
le bras du Roy de telle force & puiſſance,
qu'il vaincra glorieuſement ſes ennemis.
Ne vous figurez pas, SIRE, que vous
trouuiez à l'aduenir les Coſtes de la France ſi deſgarnies de vaiſſeaux armez en
guerre côme vous auez faict en vn temps
où l'on n'auoit nulle ſorte d'ombrage de
vous, & lors qu'on euſt moins attendu cette ſurpriſe de voſtre part que de toute autre qui euſt peu ſe declarer contre le Roy.
Mais comme on dit en commun prouerbe,
à beau ieu, beau retour; l'experience vous
doit deſia auoir appris en la perſonne de
Monſieur voſtre beau frere, combien c'eſt
choſe iniuſte de vouloir vſurper le pays
d'autruy, & côme la iuſtice diuine permet
touſiours que le mal que nous tramons à

noſtre prochain tombe ſur nous meſmes. Cet exemple vous eſt aſſez proche pour vous toucher, & pour vous induire à reparer l'iniure que vous auez ſouffert eſtre faicte à la France. N'eſt-ce pas par vn iuſte iugement de Dieu, qu'on voit ce Prince voſtre allié deſpouillé comme vn Roy de Theatre & priué des grands biens & des grandes richeſſes de ſes Peres, dont il pouuoit heureuſement iouyr toute ſa vie, & les transferer à vos Nepueux ſes enfans, s'il ſe fuſt maintenu en la fidelité & obeyſſance qu'il deuoit à l'Empereur ſon Souuerain? Apprehendez donc, S I R E, apprehendez, que le meſme flambeau de la guerre que voſtre Admiral eſt venu allumer dans ce Royaume, ne ſoit bien toſt porté dans le voſtre propre, & que l'offence que vous auez faicte à vn ſi grand Roy ne ſoit vangée au double, à la totale ruine de vos ſubiets, leſquels on ſçait aſſez qu'ils deteſtent l'autheur de cette diuiſion. Il n'y a auſſi iamais manque de boutefeux dans les Royaumes, le plus ſpecieux pretexte leur ſeruant touſiours de voile pour couurir leur ambition. Nous ſçauons bien que ce n'eſt pas d'auiourd'huy que quelques eſprits broüillons ſous couleur de Religion ont recouru à l'Eſtranger. Il y a aſſez longtemps que cer-

tains mutins couuoient ce venim dans leur
cœur, & eſt certes bien beſoin que ceux
qui font profeſſion de voſtre creance en
France ne ſoient pas tous de meſme trem-
pe, & qu'il y en ait plus de ſages que de fols.
Attendant qu'il plaiſe à Dieu (dit vn de leurs
Hiſtoriens) *qui a le cœur des Roys en ſa main,
de changer celuy de leur Roy, & de reſtituer l'E-
ſtat de France en bon ordre, ou ſuſciter vn Prince voiſin qui ſoit manifeſté par ſa vertu & marques inſignes eſtre Liberateur de ce pauure peuple affligé: apres le ſerment faict, ils eliſent auec
nom & ſuffrage public en leurdite ville & Cité
vn Chef ou maieur pour les commander, tant
en faict de guerre pour leur defence & conſeruation, que de la police ciuile, afin que le tout y
ſoit faict par ordre.* Ce meſme Hiſtoriogra-
phe teformé au moule de Geneue remarque encore que ces meſmes gens là qui par
excellence veulent eſtre dis bons François,
ordonnoient *qu'entre tous les Chefs & Con-
ſeils particuliers on eſleuſt vn Chef general à la
façon du Dictateur Romain, pour commander en
la campagne.* C'eſt ſur ce meſme deſſein que
les Rochelois en l'Aſſemblée illicite qu'ils
recueillirent ces années paſſées dans leur
ville, dteſſerent le plan d'vne horrible
Anarchie dans l'Eſtat, y diſpoſant comme
bon leur ſembloit des charges de la Iuſtice,

des

La Popli.
l. 32.

des Finances , & de la Guerre, iufques à
ordonner des gouuernemens des Prouinces, fous l'authorité d'vn Sceau controuué
à leur pofte & au grand mefpris de la Monarchie. Si fur vn tel attentat le Roy prift
les armes n'eftoit-ce pas auec iufte occafion? Failloit-t'il pour ne defplaire à de tels
fubiects qu'il laiffaft renuerfer fon Trofne
& toute l'authorité Royale? Ce font neantmoins, S I R E , ces mefmes Factieux que
vous venez auiourd'huy proteger contre
leurSouuerain.Que diriez-vous fi on vous
iettoit vne mefme fufée dans voftre Royaume? Penfez donc ie vous fupplie, S I R E,
penfez plus d'vne fois à la leçon que vous
donna le feu Roy voftre Pere, *de ne faire à*
autruy que ce que vous voudriez vo⁹ eftre faict,
fur tout en la Rebellion des fubiets contre leur
Souuerain, que vous deuez reputer vn crime
commis contre vous-mefmes, à caufe de l'exem-
ple.

Nonobftant tant de belles & fortes re-
monftrances, les Anglois ne laifferent de
fe porter au fecours des Rochelois, &
le 22. de Iuillet l'an 1627. leur armée commença à paroiftre vers la rade de l'Ifle de
Ré iufques au nombre defix vingts voiles,
qui fut vne matiere glorieufe au fieur de
Toiras & à ceux qui l'affifterent, pour faire

L

cognoistre à la France & à tout le monde la valeur de leur constance, leur courage, fidelité & affection enuers leur Roy & leur pays. Les premieres approches furent dangereuses de part & d'autre, mais la patience que les assiegez eurent à defendre le Fort de S. Martin fut extraordinaire & pleine d'admiration. Le Siege dura depuis le 27. de Iuillet iusques à la desroute totale des Anglois, qui fut le huictiesme de Nouembre ensuiuant. Vn des Agens des Rochelois, le Sieur de la Miltiere, se gaussant sur vn pauure sujet, & minutant son malheur & sa misere, fut trouué saisi d'vne lettre qu'il escriuoit au ieune Monbrun, ce qui fut cause de son emprisonnement à la Bastille: & en cette lettre se voit vne audacieuse impudence, en parlant sans respect de sa Majesté, & de la reuerence de Monsieur le Cardinal de Richelieu. Cette lettre qui contient quelque particularité de l'entrée des Anglois a esté icy rapportée en ces termes.

M ONSIEVR, *l'arriue presentement de Villeroy, où l'on ne tient pas comme à Paris, les Anglois pour des chimeres. Ils descendirent le 22. du courant dans l'Isle de Ré, auec plus de succés que nous n'eussions osé espe-*

rer, car pour vous dire la verité, si Dieu n'eust esté miraculeusement pour nous, l'entrée de cette Isle nous eust esté aussi funeste, que la sortie que nous en fismes en six cens vingt-cinq.

Le retardement que Messieurs de la Cour de Parlement ont apparté à la verification des Edicts, a si bien aiusté nos affaires, que le Roy n'a peu estre prest de partir, quelque passion qu'il ayt peu ioindre à sa diligence naturelle, que le du passé, & dés le lendemain est demeuré au lict malade dans *Villeroy*, d'vne fieure double tierce, qui est plus soupçonnée de longueur que de danger.

La descente s'este passée en cette sorte:

La flotte Angloise vint mouiller l'ancre dés le matin le Ieudy 22. du passé, à la rade de *Ré*, où apres auoir demeuré cinq ou six heures, toutes les ancres furent leuées, & les canons en prodigieux nombre furent pointez vers la terre, où parurent deux bataillons d'Infanterie, l'vn commandé par *Boissonniere* Capitaine au Regiment de *Champagne*, & l'autre par la *Contamine* aussi Capitaine audit Regiment.

Deux cens cheuaux estoient sur leurs aisles, mais si fort auancez vers les *Anglois*, qu'ils firent bien paroistre qu'ils estoient *François*, c'est à dire, plus amoureux du combat que de l'ordre.

Les *Anglois* mirent trois bataillons à terre, les deux premiers de mille hommes chacun, &

le troisiesme qui faisoit la bataille, de deux mille.

La Caualerie Françoise eut telle haste de donner, que sans auoir attendu la décharge de son Infanterie, elle se mesla dans ces premiers bataillons, & les rompit entierement, voire mesme poussa si auant, qu'il y eut plusieurs Caualiers qui entrerent en poursuiuant les Anglois, dans la Mer, iusques passé les sangles des cheuaux.

Les Anglois du troisiéme bataillon s'ouurirent & firent iour à leur canon, qui tira si à propos & si violemment, qu'il mit en desordre les troupes Françoises, & en tua ou blessa dix neuf des plus huppez & des meilleurs hommes, tant des volontaires que des Officiers du Regiment de Champagne.

Cependant nouueaux Anglois descendirent des vaisseaux, & auec pics & pailes commençants à remuer la terre, firent vn logement à la faueur duquel le reste de leur armée mit pied à terre.

Ils ont le lendemain descendu vingt pieces de canon, & font estat d'assieger le Fort S. Martin que Monsieur de Toyras escrit n'auoir pas assez de viures pour trois mois entiers.

I'apprehende fort ces marées de Septembre, & que les raisins nouueaux ne nous tuent plus d'Anglois que les ennemis. Ie serois bien d'auis si le Roy vouloit accorder la démolition du Fort

Louys, & celles des Forts des Isles, que nous donnassions congé à cette armée estrangere, qui n'auroit pas peu fait d'auoir deliuré la Rochelle de captiuité. Mais si on ne nous accorde ces conditions, les mieux sensez d'entre nous estiment qu'il vaut mieux se donner à l'Anglois que de demeurer plus long temps en la seruitude où nous sommes reduits.

Les noms des François, Gentils-hommes ou Officiers, morts ou blessez, sont,

Le Baron de Chantal, mort.

Nauaille, depusé du Roy dans la Rochelle, mort.

La Lande, bastard de S. Luc, mort.

Montaigne, neueu de celuy qui a fait les Essais, mort.

Rastinclerc, Capitaine au Regiment des Gardes, frere du Sieur de Toyras, mort.

Hortodie, mort.

Sauuigny, mort.

Officiers du Regiment de Champagne, morts ou blessez.

Boissonniere, Capitaine, mort.

Contamine, Capitaine, blessé à mort.

Luscinet, Capitaine, estropié d'vn coup de pique au bras.

Valiros, Capitaine, fort blessé.

Du Tertre, Lieutenant, mort.

Morillan, Enseigne, mort.

Manty, Lieutenant, vn bras coupé.
Thibaut, Capitaine, fort bleßé.
Montespin, Enseigne, bleßé.
La Brou, Enseigne, fort bleßé.
Balanfac, bleßé.

Les noſtres perdirent S. Blancart, noſtre cher amy, qui a couronné toutes ſes belles actions de cette derniere, dont il auoit eſté l'entrepreneur, & eſt mort l'executeur. C'eſt vne perte plus conſiderable que n'auroit eſté le gain entier des Iſles. Douze Anglois des principaux chefs ont ſignalé ce combat par leur mort, & enuiron cinq cens Soldats de la meſme nation les ont ſuiuis. De ſimples Soldats François, il en fut peu tué, pource qu'ils ſe mirent à couuert du Canon. Voila côme l'affaire s'eſt paßée. Ie ſuis bien marry que ie n'entends quelque choſe de vos quartiers qui puiſſe ſeconder les exploits Anglois, ne pouuant qu'auec honte, voir des Eſtrãgers auoir plus de ſoin de noſtre bien que nous meſmes. Ie ſçay qu'il ne tiendra à Monſieur de Rohan, ny à vous que l'on ne face quelque choſe de bon. I'en prie Dieu de tout mon pouuoir, qui ne ſera iamais eſpargné pour la cauſe, ny pour vous teſmoigner que ie ſuis veritablement,

MONSIEVR,

I'oubliois à vous dire, que le Cardinal de Richelieu eſt bien heureux de n'eſtre plus Eueſqué,

car il a tant mis de bagues en gage pour enuoyer
des munitions aux Isles, qu'il n'y en reste pas
de quoy donner la benediction Episcopale. Les
plus zelez d'entre nous, prient Dieu que la mer
engloutisse sa personne comme elle fait son bien.
Pour moy ie ne suis pas du nombre, car ie suis de
ceux qui encensent les puissances.

Vostre tres-humble & tres affectionné
seruiteur, LA MILTIERE.

Cette lettre descouure plus la mauuaise
inclination de son autheur que la verité
de ce qui se passa à l'entrée des Anglois en
l'Isle de Ré.

Durant le Siege du Fort de S. Martin
tousiours parut la prudence, la constance,
& le courage du Sieur de Toyras, & de
ceux qui le defendoient, entre autres le
Sieur des Rochebaritault, accompagné du
Comte de Grassay son fils, & des Sieurs
d'Argenton, de Boissandeau, de Beaumont Pally, de Nieil, & de la Roche Ian-
douin, auec cinquante ou soixante autres
braues Gentilhommes, ayant sceu que les
Anglois vouloient venir en l'Isle de Ré,
sans auoir encores receu aucun commandement du Roy, alla des premiers se ietter
dans ladite Isle, où Monsieur de Toyras le
receut auec toute sorte de demonstration
de leur ancienne amitié, & luy donna l'or-

L iiij

dre de commander à toute la Caualerie, au commencement & pendant le siege qu'il a enduré auec son fils iusques à la fin : le zele qu'il a tousiours porté au seruice de sa Majesté, & sa valeur le rendirent si heureux qu'il y reussit au contentement de son Roy, & selon les desirs de son vaillant & genereux courage, par vne entiere deffaicte du bataillon qu'il attaqua à la droicte.

Mais d'autre part le soin incroyable de la Royne mere du Roy, & la prudence qui l'assista par tout pendant sa longue & dangereuse maladie, auec la diligence nompareille de Monsieur le Cardinal de Richelieu & de Monsieur de Marillac Garde des Sceaux de France, firent produire les effects de raffraichissement de viures au fort sainct Martin, & de la deffaitte entiere des Anglois, iusques à leur retraitte generale en leur pays.

Monsieur le Cardinal de Richelieu ayant faict preparer 14. Trauersins en Oleron & Brouage sous l'ordre de M. le Marquis de Brazé, 5 grandes barques par la riuiere S. Benoist prés la Tranche sous l'ordre du Capitaine Richardiere, dix Pinasses nouuelles aux Sables d'Olone sous l'ordre du sieur Dandouyn Gentilhomme de Bayonne, cinq grandes barques, vn grand Phli-

bot au mefme lieu fous l'ordre des Capitaines Cantelou & Perroteau, & icelles toutes ramaffees au port & haure des Sables,
bien armées & garnies d'hommes, viures,
habits, & munitions de guerre, grenades,
pots & feux d'artifice, & de toutes fortes
de commoditez neceffaires à des affiegez,
dont le fieur Abbé de Marfillac fe peut aduifer, & felon les memoires & inuentaire
dudit fieur Cardinal : en fuitte arriuerent
telle quantité de matelots, que M. le General le Clerc monftra fa prudence & fon
iugement à foudoyer & entretenir tant de
fortes de gens differents d'humeurs. De
forte qu'il n'eftoit plus queftion que d'a-
uoir le vent, la marée & la nuict propres,
d'autant que fans ces trois chofes l'on ne
pouuoit aller dans la Citadelle, & durant
deux mois entiers la marée eftant venue de
iour, le vent contraire, la nuict obfcure &
propre aux Pyrates, & outre ce le paffage
interdit par la quantité des vaiffeaux Anglois; le fieur Prieur de Bremont par ordre
de M. l'Euefque de Mande & Abbé de
Marfillac ayant couru les Haures du Plób,
Coup de Vache, riuieres de Maran, S. Be-
noift, la Tranche, Iar, Talmont, & Sables
d'Olone, pour faire partir les conuois &
equipages preparez à chaque foufflée de

vent : en fin le 6. Octobre la marée s'eſtant
renduë propre, le vent & la nuict fauora-
bles, à l'arriuée de ſa Majeſté dans la Pro-
uince qui auroit apporté ce bonheur, trête
cinq voiles ſortis du Haure des Sables ſur
les quatre heures du ſoir, auec quatre cens
matelots, trois cens ſoldats bien choiſis, &
ſoixante Gentils - hommes volontaires,
vindrent à la rade.

Monſieur Deſplan ayant depuis ſix ſe-
maines côtribué ſes ſoins & diligences ac-
couſtumées au ſeruice du Roy, & à l'equipage de ce ſecours, ayant aſſiſté de tout ſon
pouuoir le ſieur Abbé de Marſillac, toutes
choſes preſtes, equipées & embarquées,
ſans auoir donné rien à cognoiſtre de ſon
deſſein à perſonne, diſant adieu à Meſſieurs
le Duc de la Rochefoucault & Abbé de
Marſillac, ſz iette dans vne chaloupe qu'il
auoit fait tenir preſte à cet effect, ſuit cette
flotte, aborde la Marguerite ou barque du
ieune Richardiere dict Capitaine Maupas,
qui ſeul ſçachant ſon deſſein l'attendoit, &
y trouua le Cheualier de Montenac, & le
Sieur de Villiers Lieutenant de Luſſins,
auec cinquante ſoldats bien reſolus. Et auſſi toſt alla de barque en barque viſiter
toute la flotte, prendre le mot des ſieurs
de Beaulieu, Perſac, Launay & Raſilly, leſ-

quels dans vne mefme barque portoient
'eftendard au grand mafts, & faifoient
conjointement d'vn commun confente-
nent la charge d'Admiral ; reçoit d'eux
'ordre de la bataille, & de la difpofition en
aquelle cette petite flotte deuoit paffer.
Et voulant faire le fignal pour leuer l'anchre, tout à coup la mer s'efmeut auec vne
groffe pluye, qui obligea à ietter l'anchre
au lieu de le leuer, & demeurer toute la
nuiĉt à la rade d'Olone, fans pouuoir rentrer au port.

Sur les fept heures du matin parurent
cinq Nauires des ennemis qui venoient
recognoiftre la flotte, mais ils n'eurent le
courage de la venir aborder. Là deffus fut
tenu confeil pour fçauoir fi l'on rentreroit
au port, & fi l'on feroit defembarquer les
hommes : la plus faine opinion fut de demeurer à la rade pour attendre de la bonté
de Dieu le vent fauorable en vne fi importante occafion.

Defait le lendemain fur les cinq à fix heures du foir, Dieu protecteur de ces fideles
feruiteurs du Roy, fit fiffler vn vent fi fauorable, qu'on refolut de leuer l'anchre.
Et auparauant le fieur Prieur de Bremont
monta fur l'affut d'vn canon, d'où il pouuoit eftre ouy de plufieurs, & leur fit vne

graue harangue pour les exhorter à bien
faire.

Apres la harangue, chacun se mit en prieres, & s'estant embrassez & encouragez
mutuellement auec la plus grande allegres-
se du monde, mirent les voiles au vent sur
les huict à neuf heures du soir.

Le Capitaine Maupas grandement entendu à la marine, bien cognoissant les terres, comme estant du pays ; & ayant passé
& repassé depuis huict iours dans vne seule
barque au milieu des ennemis, auec M. le
Marquis de Grimaud mena l'auantgarde:
à la droicte Messieurs de Persac & Rasilly,
& auec eux dans leur barque les sieurs Da-
nery, la Gaigne, Roquemont, le Commis-
saire Calotis: à la gauche les sieurs de
Brouilly Capitaine au Regiment de Chap-
pes, & de Cusac, Griboual, Ruuigny, la
Roque Fontiers, Ionguieres, & plusieurs
autres Gentils-hommes volontaires: &
apres eux les quatre barques que Monsieur
le Cardinal auoit faict equipper par le
Capitaine Richardiere pere, côduittes par
les Capitaines la Treille, Odoard, Pierre
Masson, & Pierre Martin tous bons Pilo-
tes.

Suiuoit apres le corps en forme de bataille, composé de dix pinasses, outre les

quinze autres precedentes que Monfieur Frere du Roy auoit faict venir de Bayonne par S. Florent, conduittes par le fieur Dandouyn leur General à la tefte, & le Sr Tartaffe fon Lieutenant. A la queue autour defdits Pinaffes y auoit douze Trauerfins, comme plus forts & plus grands.

En l'arrieregarde eftoit le Phlibot du fieur de Marfillac bien armé & munitionné, fous la conduitte du Capitaine Cantelou, & portoit le ieune Beaumont nourry Page de M. le Cardinal, auec paroles de creance, tant au fieur de Toyras, que autres Capitaines & volontaires de la Citadelle; apres luy eftoit fa Chaloupe, & cinq grandes barques d'Olone, dans lefquelles eftoient quantité de Gentils hommes volontaires, & par l'ordre exprés de M. le Cardinal, qui auoient auffi lettres & chiffres, le fieur de Lomeras Gentilhomme de Languedoc, Enfeigne au Regiment de Champagne, pour auoir paffé & repaffé defia vne fois auec le fieur de Valin.

En cet ordre le plus prés qu'ils pouuoient les vns des autres, ils alloient coftoyans la grand' terre, pour n'eftre point veus ny defcouuerts par les vedetes des ennemis, qui n'eftoient qu'à vne lieue des Sables.

Or il arriua que comme cette flotte alloit

singlant à plaines voiles, & que l'on
croyoit estre desia deuant S. Martin, Dieu
fit cesser le vent tout à coup en telle forte
qu'il fallut demeurer prés de deux heures
fans pouuoir aller ny à droit ny à gauche.
Alors chacun tout estonné, & croyant demeurer à la mercy des ennemis, si le iour
les surprenoit, se mirent à prier Dieu, le
Prieur sur tous, faisant vœux & prieres, &
se recommandant à la Vierge, luy faisant
vœu au nom du Roy, de luy faire bastir
vne Eglise fous le nom de nostre Dame de
bon Secours, en memoire de cette iournée, s'il luy plaisoit enuoyer le vent fauorable. Soudain ils furent exaucez, car le
vent se raffraichit & rendit fort gaillard, en
telle forte que chacun ayant repris sa piste
& son ordre, en moins de demie heure ils
virent le feu que M. de Toiras faisoit faire
en la Citadelle, & à terre ceux que Richardiere pere faisoit faire vis à vis de l'encogneure qu'il falloit trauerser. Et là quittant
la coste de la Tranche, chaque Pilote regardant sa boussole, ne pensant plus qu'à passer courageusement, entrerent dans la fo-
rest des Nauires des ennemis : les premieres sentinelles les ayant laissé aller fans dire mot, apres que tout eut passé, ils commencerent à les enuelopper & canonner si

furieufement, que l'on euft dict que c'eftoit
de la grefle.

Cependant les chaloupes & galliotes
des ennemis vindrent apres pour les agraf-
fer, en forte que ceux qui eftoient à la grande terre croyoient tout perdu, côme auffi
l y auoit de l'apparence : au contraire M.
de Toiras efperant toufiours bien du bon-
heur du Roy & de la France, oyant le bruit
de tant de canonnades de part & d'autre,
it redoubler les feux fur les baftions, &
comme vn fecond Iofué prie Dieu de faire
arrefter la mer qui s'en retournoit, de peur
que fon fecours ne perift:& defaict il eftoit
en grand danger, car vn coup de canon
emporta le Chirurgien du Capitaine Maupas, entre M. le Marquis de Grimaud & le
fieur Prieur de Bremont qui eftoit au milieu de la barque la Croix en main ; vn autre emporta la myfaine ou mafts de deuât,
qui tomba fur ledit Marquis; & vn troifiefme qui perfa la barque & luy fit prendre
l'eau : dans ce peril ledit Marquis fans s'e-
tonner iette fon manteau fur le corps du
Chirurgien, defcend à fonds, allume vne
chãdelle auec de la mefche, & voyant d'où
venoit le mal, auec vn linceul & autres linges qu'il rencontra boufche le trou: cependant le Prieur trauaille à vuider l'eau qui

estoit à la poupe: le quatriesme coup de canon leur emporta cependant vn matelot,
& incontinent quatre chaloupes & vn heu
d'Angleterre vindrent aborder la barque,
le Marquis estant remonté ioint le Capitaine Maupas, lequel ayant disposé ses
mousquetaires & piquiers, donna l'ordre
à ceux qui deuoient tirer ses perriers & canons, & ietter les feux d'artifice, fit tenir
chacun à sa poste, & defendit qu'on ne ti-
rast qu'il ne l'eust commandé. Aussi tost les
ennemis aborderent crians, Amene, amene, Maupas son pistolet d'vne main, & le
capabod de l'autre, crie, Tire, laschant son
pistolet; alors toute son artillerie deschar-
gea: apres on vint aux mains, & feux d'artifice furent iettez de part & d'autre: le sieur
de Grimaud, Cheualier de Montenac, &
de Villiers sur les deux costez de la barque, vn Sergent sur le derriere, & le Prieur,
par tout se defendent si vaillamment, qu'a-
pres vn long combat les ennemis se retirerent auec beaucoup de perte, & peu de
ceux du Roy. Et croyans emporter plus
d'auantage furent attaquer les pinasses, où
ils trouuerent à qui parler, car Dandouyn
coupa la main d'abord à vn Rochelois qui
luy vouloit rauir son gouuernail, vn coup
de perrier luy fit voler en mer son contre-
mast,

naſt, & bleſſa legerement deux matelots:
à meſme temps toutes les chaloupes des
ennemis au nombre de cent cinquante vindrent fondre, qui d'vn coſté, qui de l'autre
ſur toute la flotte : l'on demeura long têps
aux priſes, ſans que les ennemis peuſſent
entrer dans pas vne barque du Roy, en forte que s'eſtans retirez, les noſtres croyans
eſtre hors de tout peril, & s'exhortans à
courage les vns les autres; voicy que d'autres difficultez ſe preſentent, car les ennemis tenoient des grandsmaſts de vaiſſeaux
attachez les vns aux autres, & force grands
bois & cordages de vaiſſeau en vaiſſeau
pour empeſcher les paſſages: Mais au lieu
de perdre courage, chacun miſt la main au
coutelas pour couper les cables, & auec
piques & hallebardes faire enfoncer les
maſts & bois qui les empeſchoient; & par
malheur Couſſage Contre-maiſtre & Lieutenant de Maupas ayant coupé auec ſon
tarrabat vn grand cable qui empeſchoit le
paſſage de leur barque, ce cable tomba, &
s'embarraſſa dans le gouuernail de la barque de Raſilly, & par vne ſecouſſe de mer
d'vne grande impetuoſité l'entraina contre
la Ramberge où ce cable eſtoit attaché,
où ſoudain il fut accroché & inueſty par
vne douzaine de chaloupes ; & apres vn

grand combat, voyant qu'il luy eſtoit im-
poſſible de plus reſiſter commanda pluſieurs fois qu'on miſt le feu aux poudres
pour ne tomber entre les mains des ennemis: à quoy on ne voulut obeyr. La Guette
Gentilhomme nourry Page de la Reyne
d'Angleterre fendit vn des ennemis auparauant que ſe rendre: enfin il fallut ceder à
la force, & prendre la compoſition que les
ennemis leur offrirent, ſçauoir dix mil eſ-
cus que M. de Raſilly leur promiſt pour
luy & tous ſes compagnons: les ſieurs Da-
nery, Calotis, Roquemont, & la Gaigne
firent des merueilles en ce combat; d'abord
quelques vns furent tuez, mais point de
Nobleſſe.

Raſilly pris par les Anglois.

Or cependant que les ennemis eſtoient
acharnez à ce butin, vingt-neuf barques
arriuerent heureuſement à la porte de la
Citadelle entre trois & quatre heures du
matin: auſſi toſt la ſentinelle qui eſtoit ſur
le baſtion de la Reine, criant qui viue, il luy
fut reſpondu par quantité de voix eſclatan-
tes, Viue le Roy; ce qui mit au cœur de
ceux de dedans vne grande allegreſſe.

29. barques arriuẽt à la Citadelle de S.Martin.

Là vne chaloupe de la Rochelle s'eſtant
gliſſée parmy les vaiſſeaux du Roy, comme
ſi elle euſt eſté de la troupe, pour bruſler
cette flotte, fut recognue à leur iargon par

le sieur Dandouyn qui s'en douta, mais à cause de l'impatience de M. de Toiras fit sauter tout le monde à terre, & demeura auec ses mousquetaires dãs la pinasse pour remedier à ce qui pourroit arriuer, demanda le mot & le contremot à la chaloupe Rocheloise, ce que ne sçachant fit cognoiste qui elle estoit, & à l'heure la chargea si furieusement que plusieurs furent tuez & estropiez, & beaucoup faicts prisonniers.

M. de Toiras voyant vn si beau secours inesperé, courut aussi tost iusques dans l'eau embrasser la fleur de ses amis, & tout le reste en suitte. Apres les premiers complimens chacun fut conduit à la hutte de quelque soldat pour se secher, ayans esté contraints de descendre dans l'eau iusques à la ceinture.

Monsieur de Toiras prenant par la main le sieur Marquis de Grimaud le conduit se raffraichir dans la hutte du sieur des Estágs Capitaine de son Regiment, où ils ne furent si tost entrez, qu'vn boulet de canon venu de la mer entra par la porte de ladite hutte & tua le laquais dudit sieur des Estangs, & passant entre lesdits de Toiras & de Grimaud blessa ledit Grimaud à la cuisse si fauorablement qu'il n'en garda que deux iours le lict.

Le mesme iour le sieur de Brouilly qui
estoit entré par commandement de sa Majesté pour departir quelque chose à ceux
qui estoient dans la Citadelle, s'estant
acquitté de sa commission fut ietté par terre d'vne mousquetade qui luy entra dans
les temples.

L'heure de huict heures estant venuë, à
laquelle le iour precedent les sieurs des
Estangs & de Soubran, par l'ordre de M. de
Toiras, & par la necessité de toutes choses,
s'estoiét obligez de porter au Duc de Bouquinquan les articles de la composition
qu'ils demandoient, au cas qu'il ne leur ar-
riuast aucun secours; ceux de la Citadelle
firēt mettre à la pointe de leurs piques force bouteilles de vin d'Espagne, quantité de
coqs d'Inde, & poulets, chappons, iam-
bons, langues de bœuf, & autres prouisions; les officiers nouueaux venus de l'artillerie firent tonner quantité de canonnades auec leur nouuelle poudre, & firent re-
culer les vaisseaux qui s'estoient approchez
de prés, croyant qu'il n'y auoit plus de poudre.

Les Anglois qui estoient dans l'Isle sur
terre vindrent en deux bataillons pour
mettre le feu aux barques qui estoient de-

meurees à sec: ceux qui les auoient conduittes sur l'eau les sceurent bien defendre sur
terre, car ils sortirent en bon nombre, &
firent retirer l'ennemy auec beaucoup de
perte.

Sur les trois heures apres midy la marée
reuint, les Anglois retournent auec leurs
chaloupes & galliottes pleins d'hommes &
de feux d'artifice, & à la faueur de leur canon qui tiroit incessamment firent approcher à force de rames & auiron vn heu de
cinquante tonneaux, conduit par six matelots, ausquels le Duc auoit promis six cens
Iacobus s'ils pouuoient approcher le phlibot ou quelque autre barque pour donner
vne incendie generale à la flotte du Roy
par le moyen du vent: au contraire le sieur
de Toiras promit cinq cens pistoles à ceux
qui auec piques & hallebardes voudroient
leur empescher l'approche. Le Capitaine
Maupas auec ses matelots & gens de marine plus côfidens, à la faueur de mille mousquetaires dont M. de Toiras auoit bordé
la courtine & la contrescharpe de la mer,
fit si bien qu'il prit prisonniers ceux qui les
venoient brusler, & les autres qui se vouloient sauuer dans les chaloupes furent
tous tuez de l'escopeterie & de l'artillerie
de la Citadelle.

M iij

Les ennemis voyans leur deſſein eludé
mirent toute leur artillerie de terre & de
mer à foudroyer iour & nuit la petite flotte
du Roy, & de faiƈt vingt des plus grandes
barques furent briſees & fracaſſees, & depuis deſtinés au feu & aux huttes.

Sur les neuf heures du ſoir ils firent iouer
vne mine que M. de Toiras auoit eſuentée,
& par ce moyen fut ſans effeƈt.

Le lendemain 9. Oƈtobre tous les Anglois qui eſtoient dans l'Iſle à ſainƈteMarie
ſe mirent en bataille hors la portée du canon, en nombre de quelques 1500. hommes, & firent ſemblant de venir attaquer
la demie lune S. Seurin qui eſtoit à quarante pas du foſſé, que ledit ſieur Baron auoit
fait faire, & gardée par le moyen de deux
lignes de communication pour conſeruer
le meilleur puits de l'Iſle : mais depuis on
ſceut que Bouquinquan eut peur que les
nouueaux venus ne les empeſchaſſent &
fiſſent quelque ſortie pour enclouer leur
canon. Ce fut alors qu'ils cogneurent que
ceux de la Citadelle auoient des poudres
& boulets, car ceux qui s'auancerent receurent d'autres prunes que de Brignolle.

Le dixieſme, M. de Toiras deputa le
ſieur de la Riuiere, Puy Greffier, pour aller
ſçauoir des nouuelles de la mort ou priſon

de ſes amis. Mais le Duc ne voulut voir ny entendre perſonne.

Cependant le Prieur va de hutte en hutte, de baſtion en baſtion, fait prendre le nom de tous les Gentilshommes volontaires, Capitaines, Officiers des Regiments, bleſſez & eſtropiez, & des defunɔ̃ts : promet de repreſenter à ſa Majeſté tous leurs trauaux, de reuenir en bref auec vn autre ſecours, auquel monſieur le Cardinal faiſoit trauailler.

Ledit Prieur apres auoir demeuré dans l'Iſle iuſques au 14. Octobre, le vent s'eſtant rendu propice, le General Dandouyn auec quatre pinaſſes & vn Trauerſier le ramena à Coup de Vache, neuf iours apres leur entrée dans la Citadelle.

Voicy ce qui entra dans l'Iſle.
Soixante Gentils-hommes qualifiez.
Deux cens cinquante ſoldats.
Prés de cinq cens matelots.
Deux Commiſſaires de l'Artillerie.
Seize Canonniers.
Trois hommes pour les Mines.
Toutes ſortes de medicamens.
Vingt-cinq milliers de poudre,
Dix milliers de plomb.
Huiɔ̃t cens paires de ſouliers.
Grand'quantité de chemiſes.

Eſtat de ce qui entra dans l'Iſle de Ré.

M iiij

Cent pipes de vin.

Grande quantité de biscuits, farine &
chair, pour plus de deux mois.

Voicy les noms des Seigneurs qui conduirent
le secours dans l'Isle.

Monsieur de Beau-lieu.

Monsieur de Persac.

Monsieur de Launay.

Monsieur de Rasilly.

Monsieur de Sansac.

Vn Gentil-homme nourry Page de
Monsieur le Cardinal de Richelieu, lesquels tous ensemble fort resolus de viure
ou mourir en cet exploict si hazardeux, cō-
duirent treize grandes Barques du Havre.

Monsieur Desplan, & le fils de Richardiere conduisoient cinq barques qu'il y
auoit long temps que le sieur de Marsillac
auoit fait charger par le Sr de Richardiere.

Le sieur Dandouin, Gentil-homme de
monsieur de Grammont, conduisoit dix
pinasses chargées de viures.

Le sieur Cantelou conduisoit vn Phlibot
de Hollande de cinquante tonneaax, chargé de munitions, & de cinquante hommes
de guerre.

M. de Beaumont Maistre de Camp d'vn
Regiment, & premier Maistre d'Hostel de
sa Majesté, le lendemain de l'arriuée du

Prieur & Dandouyn, fit paſſer ſept grandes
barques bien munitionnées de viures pour
ſix mois au Fort de la Prée, auec quantité
de bons ſoldats.

Le ſecours de viures eſtant entré, ſa Majeſté diſpoſa de ſon propre iugement de
tout ce qui s'executa par apres en ladite
Iſle de Ré, dont le recit veritable en fut tracé en ces termes.

Le Roy ayant donné la paix à la pluſpart
de ſes voiſins, & remedié aux deſordres qui
ſembloient menacer ſon Eſtat, ſa Majeſté
croyoit paſſer vne partie de l'Eſté pluſtoſt
aux exercices de la chaſſe, qu'aux ouurages
d'vne guerre ineſperée.

Relation de ce qui s'eſt paſſé dans l'Iſle de Ré.

Mais comme ſa prudence ne ſe laiſſe non
plus ſurprendre que ſon courage, les aduis
venants de toutes parts, qu'il ſe faiſoit vne
entrepriſe contre ſon Eſtat, que l'Anglois
ancien ennemy de la France, recueilloit ſes
ambitions appuyées par la rebellion de
quelque mauuais François, & d'vn pretexte imaginaire de manquement de la foy
publique, ſa Majeſté conuertiſſant toutes
ſes penſées aux reſolutions vigoureuſes,
d'y apporter le remede par ſa propre pre-
ſence, delibera d'y marcher vers les Prouinces qui pouuoient eſtre les plus mena-
cées.

Toutesfois la suitte des resolutions dependant d'vne puissance superieure, pour le malheur de cet Estat, & neantmoins pour la gloire du Roy, Dieu permit que sa Majesté fut atteinte d'vne grande maladie, d'où il y auoit plus à craindre qu'à esperer, si sa Majesté preferant le bien de ses subiects à son propre salut, dans les excez de sa maladie, n'eust vigoureusement donné ses soins & ses commandemens, pour s'opposer aux desseins que ses ennemis faisoient pour se seruir de son esloignement, & prendre telle part dans ses Estats, qu'il eust esté difficile de les en pouuoir chasser.

Sa Maiesté estoit secondée des bonnes intentions de la Royne sa Mere, & des tres-genereux conseils de Monsieur le Cardinal de Richelieu, duquel, sans flatterie, l'on peut dire que resistant à tous les partis qui luy estoient proposez d'vne paix plausible selon le temps, mais desaduantageuse à l'aduenir voyant son maistre malade, quelques vns des Grands esloignez, & chacun souspirant apres vn accord, il a mieux aymé courir fortune de sa propre perte, que relascher rien qui fust contraire à la dignité du Roy, & au bien de cet Estat.

La descente donc des Anglois estant faite

le 22. Iuillet en l'Ifle de Ré en nombre de
huiĉt mil hommes : le premier combat y
ayant efté tres-hardy, les ennemis ne laif-
fant pas d'y prendre terre, le fieur de Toiras
qui auoit combatu comme vn foldat, iugea
tres à propos qu'il faloit vfer d'autant de
prudence pour conferuer fa place, comme
il auoit eu de courage pour empefcher la
defcente: Et de fait commençant vn traiĉté
fans effeĉt, mais à deffein, il l'a toufiours
continué auec tant de dexterité, qu'il a obligé les ennemis à croire qu'il eftoit plus
preft à fe rendre qu'à fe feruir du temps
pour ruiner leur entreprife.

De dire les foins que fa Majefté a apporté
pour le fecourir, les marques en font tres-
veritables, l'entrée de plufieurs barques le
tefmoignent affez, les defpences qu'a fait
faire ledit fieur Cardinal de Richelieu par
les ordres & commandement exprés de fa
Maiefté, font voir comme il n'y auoit rien
d'efpargné, les vigilances de M. de Mandes
& les foins de l'Abbé de Marfillac par fon
commandement, les troupes qui ont efté
fournies pour cét effeĉt: le particulier com-
mádement qu'il donna au fieur de Queufac
de venir de Paris pour feruir à l'embarque-
ment des trente-cinq barques, dont par la
refolution & prefence dudit de Queufac

il en entra 28. & les Pinasses que l'on a enuoyé chercher iusques en Bifquaye, où le
Comte de Grámont a tefmoigné fon credit & fa fidelité, donnent des preuues cer-
taines que rien n'a efté obmis pour fecourir & la citadelle, & la perfonne du fieur de
Toiras qui merite beaucoup.

Mais toutes ces chofes eftoient ouurages inutiles, fi Dieu n'euft redonné à la
France la fanté de fon Roy: Car encore
que la propofition du grand fecours euft
efté faite, comme iugée la plus capable de
chaffer les Anglois, toutesfois c'eftoit vn
coup de maiftre de hazarder toutes les forces de l'Eftat à la mercy des Elemens fans
raifon ; voir vne ville rebelle vnie auec la
faction eftrangere, defgarnir toutes les en-
trées de la grande terre pour aller fecourir
vn fort à demy perdu, faire vne defcente à
la veue d'vne armée puiffante, encor que le
confeil en fuft hardy, & appuyé de raifons
probables, toutesfois fans la veue du Roy
l'execution ne s'en pouuoit faire.

Sa Majefté donc voulant fecourir & fon
Eftat & fes feruiteurs de fa propre prefence, refolut demy guery de donner fa perfonne à fes armes & fon courage à fes en-
treprifes.

Son arriuée releua toutes les penfées de

son armée à ce seul dessein de seruir, sans auoir esgard ny aux necessitez qui accompagnent les Prouinces où la guerre est depuis sept années, ny de l'entrée d'vne saison en laquelle les maladies sont ordinaires, & que les mauuais temps entretiennēt, les gardes penibles ne faisoient plus murmurer la soldatesque ; & chacun prenant plus de plaisir à seruir qu'à se plaindre, tous à l'enuy brusloient de desir de voir les ennemis pour les brusler de la bouche d'vn mousquet, ou les percer de la pointe de leurs espées.

•Le Roy qui voyoit dans le visage de ses seruiteurs vne telle ardeur de bien faire, qu'il sembloit rien ne leur estre impossible, apres auoir eu d'eux si heureux succez du secours des deux Forts à la veille qu'ils se deuoient rendre, ses actions estant toutes iustes, espera de la grace de Dieu que la suitte du plus hardy dessein que iamais Monarque aye fait luy succederoit.

Ce fut lors que resoluant le grand secours de toute l'Isle pour en chasser les Anglois, M. le Mareschal de Schomberg l'ayant pressé de luy donner la charge de ce secours, sa Majesté luy accorda, luy baillant le sieur de Marillac pour Mareschal de Camp.

Qui n'a veu lors les soins du Roy n'en sçauroit comprendre les executions, sa Majesté choisissant les troupes soldat à soldat , **les Maistres de Camp**, les Capitaines, & tous les Officiers , faisoit cette action auec vn tel iugement, qu'il estoit aisé à attendre que ce dessein luy deuoit reüssir.

Les lieux de l'embarquement estant resolus le Roy ordonna à M. le Cardinal de Richelieu d'aller en Oleron, où sa presence donna tel ordre qu'en deux iours il y eut des vaisseaux pour y embarquer les Regimens de Nauarre, du Plessy Praslin, & de la Milleraye, qui estoit ce que S. M. auoit destiné pour passer auec le sieur de Marillac auec 50. des gensdarmes de la Royne Mere de S. M. & la compagnie du sieur de Bussi Capitaine de Caualerie, le tout fourny de viures.

Cependant S. M. auec des vigilances incomparables enuoya l'ordre aux Sables d'embarquer six cens hommes de Vaubecourt & de Riberac, & le Regiment de Dufren d'Vrbeliere auec 50. gendarmes de la compagnie de Monseigneur le Duc d'Orleans, conduits par le sieur de la Ferté, & la compagnie de cheuaux legers du Sr de la Borde, auec ordre au sieur Euesque de Nismes, & Abbé de Marsillac, pour y tenir la main, & commandement au Capitaine Richardiere bon homme de marine, de mettre toute la flotte de vaiſſeaux iuſques au nombre de 52. en eſtat de faire ce ſerui-ce, M. le Cardinal ayant par le commande-ment du Roy pourueu au payement de toutes les deſpences de cet embarque-ment, il n'y auoit plus que le vent à deſirer.

Et parce que le Roy auoit iugé par ſa pro-pre veuë que le paſſage du Plomb eſtoit le plus facile, eſtant celuy là qui ſe pouuoit faire en moins de temps, le Roy voulut que les 800. hommes choiſis du Regiment de ſes Gardes, ſix cens hommes de Beau-mont, & quelque reſte de barques relaſ-chées, à cauſe du mauuais temps, auec cin-quante des genſdarmes de S. M. & cin-quante des cheuaux legers de ſa Garde, & ſes Mouſquetaires, fuſſent embarquez pour paſſer au Fort de la Prée.

Ces troupes ſeules eſtoient d'hommes ſi choiſis, qu'elles euſſent eſté capables de côbattre le double de ce qu'elles eſtoient, & les Mouſquetaires ſeuls en tel eſtat, ſa Majeſté ayant fait prendre à trente deux des armes à preuue, & des hallebardes, qu'il n'y a point de front de bataillon, qu'ils n'euſſent eſté capables de percer iuſques à la queue.

La Nobleſſe de la Cour venant à la foule
prendre congé de S. M. l'on voyoit dans
leurs viſages vne telle gayeté, qu'il faut ad-
uouer n'eſtre permis qu'à la nation Françoiſe d'aller ſi librement à la mort pour le
ſeruice de leur Roy, ou pour leur honneur:
que l'on ne ſçauroit remarquer aucune difference entre celuy qui la donne, & celuy
qui la reçoit.

Tous ces ordres donnez, le Roy de ſa
propre main fiſt ceux du combat, & en traſ-
ſa les deſſeins en pluſieurs ſortes, afin de
s'en ſeruir ſelon la ſcituation des lieux, ou
la diſpoſition en laquelle les troupes ennemies ſeroient.

Et parce que toute cette entrepriſe dépen-
doit des vents, S. M. ayant ſeparé ſes em-
barquemens en pluſieurs lieux, auroit de-
ſtiné le ſieur de Marillac pour paſſer du coſté d'Oleron, auec ce que M. le Cardinal y
auoit preparé, M. de Schomberg eſtant de-
ſtiné de paſſer au Plomb. Il auoit eſté reſolu qu'il attendroit que le premier embarquement ſeroit paſſé, & par le retour des
meſmes vaiſſeaux, qu'il paſſeroit auec les
mouſquetaires, les volontaires, & cinquante cheuaux legers de la garde de ſa
Majeſté.

Mais l'ardeur d'arriuer, ou ſon affection
à bien

à bien seruir, & son courage à se voir l'espée à la main contre les ennemis, luy fist
changer ce dessein, que l'on peut dire auoir
esté contre les sentimens de S. M. De sorte que ledit sieur de Schomberg prenant
la route de Broüage auec les mousquetaires & les volontaires, trois cens hommes
de Piedmont, & autant de Rembures,
estant desia passez auec le sieur de Marillac,
il arriua à Marennes, Bourg entre Broüage & Oleron, mandant à M. le Cardinal
qu'il le prioit de vouloir luy enuoyer des
barques pour passer toutes ses troupes. Cela surprint ledit sieur Cardinal, & comme
ses iugemens sont toufiours suiuis de l'effect qu'il s'est proposé, il creut que cette
grande suitte de Noblesse empescheroit ledit sieur Mareschal d'executer si promptement son dessein: Toutesfois faisant vne
diligence admirable, redoublant & ses
vaisseaux & ses viures, il en trouua assez
pour embarquer le tout: De sorte que venant vn vent propre, & le trajet se pouuant faire à vne marée, & à moins, tous les
vaisseaux estans à flot, & le sieur de Marillac à la teste, auec ordre dudit sieur de
Schomberg, de ne passer pas sans luy, d'où
il arriua que la barque dans laquelle il
estoit se trouua si surchargée, & de No-

N

bleſſe, & d'autres incommoditez ſuruenuës par ladite Nobleſſe, que ne pouuant ſe mettre à la mer, ledit ſieur de Marillac fut obligé de ſuiure le commandement, & relaſcher.

Cependant ſa Majeſté ne perdoit point de temps, car enuoyant à M. le Mareſchal de Baſſompierre commandement de faire embarquer tout ce qui eſtoit au Plomb, & à M. du Halier Mareſchal de Camp de le ſeconder : le tout fut fait ſi heureuſement, que des troupes qui eſtoient au Plomb, il y paſſa douze cens hommes de pied, & trente cheuaux des Genſdarmes du Roy, auec des viures & des munitions de guerre, & trois petits canons. L'ordre y fut tres bon, & S. M. en demeura tres-ſatisfaicte, laquelle en meſme temps enuoya ſes mulets, pour faire apporter cent mil pains qu'elle auoit fait faire à Maran, auec vne tres-grande prouiſion de foin & d'auoine pour la Caualerie.

A l'arriuée de ce ſecours les ennemis eſtans aduertis de leur paſſage, ſe reſolurent de les venir attendre à la deſcente, & de faict s'y trouuerent auec deux mil hommes choiſis, & ſix vingts cheuaux.

Le ſieur de Sainct Preuil, duquel les ſeruicés depuis l'attaque de la Citadelle, iuſ-

ques à la deffaicte des Anglois, sont dignes
de louanges, ayant recognu les troupes
Angloises, en vint aduertir M. de Canape,
qui commandoit tout l'embarquement
comme Maistre de Camp du Regiment des
Gardes. Mais ne laissant pas de passer outre, sans suiure le conseil que luy donna S.
Preuil, qui estoit d'attendre au iour à faire
sa descente, parce que les canons du Fort
de la Prée l'eussent fauorisé, & chassé les
ennemis: Le bruit de la descente estant entendu par eux, donnerent, mais si lasche-
ment, que trouuant les nostres sans ordre,
s'ils eussent poursuiuy leur pointe, il est à
craindre que le combat eust esté desaduan-
tageux, où au contraire, les sieurs de Fou-
rille, de Porcheux, & de Malicy, assistez
de Mansan, Rousseliere Lieutenant,
Sumesan Enseigne, & quelques Sergens,
auec deux cens hommes, formerent
vn bataillon, auec lequel affrontant les
ennemis, ils en tuerent plus de cent sur
la place, & quantité de blessez, quasi tous
François rebelles, ayant pris la teste pour
seruir à cette action.

Le lendemain la Caualerie Angloise en
nombre de soixante, venant fondre sur
quelques soldats desbandez, entre la flotte
& le Fort de la Prée, les trente Gensdarmes

monterent à cheual, douze defquels venant aux mains auec les ennemis, en tuerent fur la place, en prindrent cinq, & amenerent fept cheuaux. Cet exploit, quoy
qu'il fuft petit, feruoit toutesfois grandement, puis qu'il oftoit le courage aux ennemis, & donnoit vne creance aux habitans de l'Ifle, que les armes du Roy y
eftoient puiffantes: & de faict, il arriua que
plufieurs perfonnes de la flotte, & de Sain-
&te Marie vindrent apporter des nouuelles au fieur de Beaumont que les ennemis
r'embarquoient.

La nouuelle du paffage du fieur de la Milleraye refiouyt le Roy & toute la Cour,
parce qu'ayant heureufement fuccedé, il
eftoit aifé à voir que ce paffage eftant pof-
fible, cela efchaufferoit vn chacun à faire la
mefme chofe.

Le Roy qui eftoit aduerty de l'heureux
paffage du Plomb, que l'on peut appeller le
fien, & des occafions qui fe paffoient dans
l'Ifle toutes à l'aduantage de fon feruice,
fçachant que M. de Schomberg n'auoit pas
paffé, donnoit les iournées aux foins de
conduire fon entreprife iufques à la fin, &
les nuicts S. M. auoit tant d'inquietudes,
que fes feruiteurs demeuroient dans la
peur, que cela n'alteraft fa fanté.

Et parce que le vent n'estoit pas propre pour Brouäge, S. M. delibera de renuoyer querir le sieur de Marillac, & ses Mousque-taires, estant necessaire d'auoir vn homme de commandement dans l'Isle, & desirant que la compagnie desdits Mousquetaires passast au Plomb pour participer au bon-heur, ou au hazard de ce qui arriueroit à ce qui estoit desia passé.

Les desirs de M. de Schomberg estoient cependant de surmonter toutes les incom-moditez de la mer, & commander auec souueraineté aux vents, comme au Roy de faire passer le sieur de Marillac, & ses Mous-quetaires.

La fortune fut esgale, les volontez du Roy furent accomplies, Marillac passa auec vingt volontaires, vingt Mousquetaires de Chapes, & sa personne, & sa Majesté allant au Plomb donna vn tel ordre, que toute l'Infanterie qui restoit en nombre de qua-tre cens hommes, les Mousquetaires & les vingt-cinq Gensdarmes passerent, don-nant tel ordre, qu'à Maran toutes proui-sions pour vn mois fussent portées au Fort de la Prée, cóme M. le Cardinal qui auoit fait faire quatre cens mil pains à Brouage pour subuenir quatre sepmaines à la nour-riture de tout ce qui estoit passé.

Quelques-vns iugeoient que la decision de
cette entreprise ne consistoit au plus qu'en
huict iours, & la principale de leurs raisons
estoit fôdée sur ce que Bouquinquan depuis
l'arriuée du sieur de Ganape auoit fait donner vn assault general à la Citadelle, où n'a-
yant faict aucune bresche, s'estoit plustost
vne marque de desespoir que de resolutió,
& que cette entreprise de vanité deuoit
estre suiuie d'vne retraicte. Sur cela, il fut
dit au Roy que le Duc de Bouquinquan
estoit homme pour ne sçauoir ny combatre ny fuir: les esprits neantmoins estoient
en suspends, & la plus-part des hommes
presageans le mal, non pas pour le desirer
dans le general de l'Estat; mais par vne enuie de changement aux choses presentes,
s'ennuyant de ce qu'ils voyoient, croyant
que l'aduenir leur sera plus profitable, faisoient des pronostiques contraires à ce
qu'ils doiuent, & mesmes au sens cómun.

Tout cela n'empescha pas que Monsieur
de Schomberg surmontant & le vent & la
tourmente ne se mist en mer, aymant
mieux essayer sa perte, que de manquer
au commandement qui luy estoit faict.

Il fut fort secondé de tous ceux qu'il
auoit auec luy. Mais les sieurs Comman-
deurs de Valencé & de Queusac doiuent

auoir vne particuliere part à ce passage. Le
premier l'auoit proposé dés le commencement de la descente des Anglois, & celuy-
cy fortifia la resolution, & conduisit ce secours de vingt-huict barques, où son courage & son affection parurent auec cha-
leur.

Estant ledit sieur de Chomberg à la mer,
il fallut aller chercher le vent & la marée:
& le Capitaine Regnier bon Pilote con-
clut d'aller eschouer à la mer sauuage, dans
vn port nommé Chauueau, vis à vis de
Saincte Marie, où ledit sieur de Schomberg auoit donné ordre par le Commandeur de Valencé, qu'il auoit enuoyé deuant
auec vne chaloupe au Fort de la Prée, qu'il
luy fist vn signal, si audit lieu de Saincte
Marie il n'y auoit point d'ennemis logéz.

La descente y fut tres-heureuse & sans
hazard, toutes ces troupes en terre sans
auoir mouillé le pied, ledit sieur de Queusac opina qu'il falloit aller droit à la Prée,
& aduertir ce qui y estoit de se tenir en bataille, afin de marcher & surprendre les ennemis, qui ne pouuoient auoir aduis de
cette nouuelle descente. Pour cet effect
offrit d'aller à ce Fort, fondant son opinion que si les ennemis gardoient la flotte
il seroit aisé de les emporter, sinon, & qu'ils

fuſſent retirez à S. Martin, que leurs retranchemens n'eſtans que d'vne ſimple ligne, ils ne la pouuoient defendre, & par
conſequent que la Citadelle ſeroit ſecou-
rue du coſté de la mer.

Il fut en partie creu, car M. le Mareſchal
marchant droit à la Prée, aduertit toutes
les troupes par vn de ſes Gardes de ſon arriuée, & qu'il deſiroit les trouuer toutes en
bataille.

Le ſieur de Marillac qui y eſtoit arriué
le iour precedent executa ce commandement, de ſorte que ledit ſieur Mareſchal
trouua toutes les troupes preſtes à marcher : Mais il voulut commencer ſa iournée donnant à Dieu les premiers vœux de
ſon cœur, pour laiſſer le reſte au ſeruice de
ſon Roy & de ſon honneur.

Apres donc auoir faiât priere generale,
ledit ſieur de Schomberg commanda au
ſieur de Marillac de prendre toute la Caualerie, & de s'aduancer entre la flotte &
S. Martin, à deſſein de tailler en pieces ce
qu'il y auroit de troupes à la flotte, ſinon
de voir la contenance des ennemis, ſoit
dans les retranchemens, ſoit au deuant,
s'ils eſtoient reſolus de venir au combat.

Cependant il fit ſuiure l'Infanterie, qu'il
diſpoſa en douze bataillons, & de ce pas

marcha droit aux ennemis en intention de
leur faire leuer le siege, comme estant plus
l'aduantage du Roy, que de hazarder vn
combat general, où il y auoit autant à perdre qu'à gaigner.

La Caualerie ayant faict ce qui luy estoit
commandé, & le sieur de Marillac, per-
sonnage de iugement & d'action, voyant
la Caualerie des ennemis en bataille entre
les moulins de S. Martin & le bourg, faisant tres-bonne mine, il creut que leur Infanterie estoit encore dans ledit bourg.

Mais le sieur de Toiras ayant faict sortir
six ou sept cens hommes du Regiment de
Champagne, à dessein d'emporter leurs
trauaux à la faueur de nostre armée, trouuant les ennemis deslogez, il prit le temps
de venir à nostre Caualerie pour aduertir
de leur retraicte, & donner hardiment ses
conseils qu'il n'y auoit qu'à aller à eux pour
les deffaire.

Cet aduis estoit genereux, mais la reputation des armes est si chere, qu'il n'est pas
permis à vn sage General de hazarder vn
combat sous la seule voix d'vne personne,
cela obligea M. de Schomberg de tenir
conseil, & cependant il fut ordonné par
l'aduis du Commandeur de Valencé au
sieur de Bussy d'auancer sa Compagnie

pour confiderer l'eftat des ennemis, voir l'ordre qu'ils tenoient, & les chemins où ils pouuoient s'acheminer, foit pour combattre, foit pour fe retirer.

Dans ce confeil les aduis furent differents, la plus petite voix fut de hazarder vne bataille, la plus grande difoit qu'il falloit faire vn pont d'or à fes ennemis, & fe feruant de plufieurs exemples, celuy d'Amiens y fut rapporté. En fin apres plufieurs agitations, il fut refolu de fuiure les ennemis, & de ne rien hazarder fi l'occafion n'en fourniffoit le moyen, & que l'affeurance de la victoire ne fuft plus grande que l'incertitude. Cette refolution fut fuiuie par l'efpace de deux heures en vne lieuë de chemin, & le fieur de Marillac toufiours à la tefte de la Caualerie pouffa huict ou dix fois les ennemis leur faifant lafcher le pied.

Mais comme il ne pouuoit eftre fuiuy de l'Infanterie, & celle des ennemis fouftenant deux efquadrons de leur Caualerie: auffi n'eftoit il pas raifonnble de faire vne charge entiere, crainte d'engager vn combat defaduantageux.

Cela fe paffant entre le bourg S. Martin & la Couarde, le fieur de Toiras y voyant les ennemis s'y retirer fans vne notable perte, fe fouuenant de celle qu'il auoit re-

ceüe aux personnes de ses deux freres, re-
ioignant pour la deuxiesme fois M. de
Schomberg, proposa de nouueau qu'il falloit engager les ennemis en vn combat.

Cela fit tenir vn nouueau conseil, duquel
M. de Marillac deuant estre, M. de Schomberg fut obligé l'enuoyer querir. Toutes
les raisons debatuës, il fut conclud que les
ennemis sortans de l'Isle, c'estoit remettre
les affaires de sa Majesté en mesme estat
que s'ils estoient deffaits: & M. de Schomberg tres-prudément dist tout haut, Qu'il
preferoit le seruice de sa Majesté à ses interests particuliers, Que toute sa gloire
estoit de combattre, Que ses desirs le portoient à ce dessein : Mais les raisons de l'E-
stat l'obligeoient à les chasser aussi tost
qu'à des deffaire, l'vn estant plus seur que
l'autre, qu'il falloit prendre le party de l'a-
uantage du seruice, pour laisser celuy de sa
propre passion.

Cela donna du temps aux ennemis de
s'esloigner, & de prendre vn lieu auanta-
geux à la teste du village de la Couarde,
pour presenter vne apparence de bataille,
& cependant fauoriser leur retraitte.

Leur ordre fut de mettre leur Caualerie
à nostre teste en deux esquadrons, & leur
Infanterie en deux bataillons, auec quel-

ques plotons de mousquetaires, pour fauoriser leur Caualerie.

Dans la premiere teste de l'vn de leurs
bataillons à l'entrée dudit village, ils faisoient paroistre tous leurs drapeaux pour
couurir leur retraitte par cette fausse apparence, & donner moyen à leur Infanterie
de filer sans estre combatue.

Le sieur de Marillac se doutant de cette
ruse, & voulant en apprendre la verité par
sa propre veue, porta le petit esquadron de
Bussy iusques aux premieres mousqueta-
des, desquelles voyant vne grande descharge, il ne pouuoit croire autre chose sinon que les ennemis estoient logez dans
ledit bourg : & à la verité c'estoit le mieux
qu'ils pouuoient faire, & d'y attendre la
nuict à la faueur de laquelle ils pouuoient
se retirer & sans perte & sans desordre.

Les ennemis ne choisissans pas ce party,
continuerent leur retraitte, de laquelle les
paysans dudit bourg venant aduertir ledit
sieur de Marillac, son aduis fut de les suiure:
mais il y eut differéce d'opinions par quels
chemins cela se deuoit faire, soit par dedans le village, soit par le dehors, disans
qu'il y auoit marais des deux costez, & que
le pays estoit inaccessible, particulieremét
pour l'Infanterie qui n'y pouuoit passer

fans mouiller le pied. Le fieur de Toiras fe
trouuant là decida la queftion , difant qu'il
affeuroit vn paffage tres bon à la main
droitte , n'appuyant pas fon opinion comme foldat ny Capitaine, mais comme habi-
tant de l'Ifle, qui en fçauoit tres-bien les
chemins. Cela fut caufe que la Caualerie
fuiuant cet aduis euita le village , mais l'Infanterie paffa à trauers , d'où il s'enfuiuit
que les ennemis eurent du temps pour s'efloigner , comme il eft facile à iuger , puis
qu'vn grand corps en vn lieu eftroit demeure longuement à y paffer , quand mefmes il n'auroit à marcher qu'à la file.

Les ennemis cependant remirent leurs
trouppes en bataille à la tefte des dunes , &
proche d'vne maifon où leur Caualerie
auoit vne efpace de quelques quatre cens
pas.

Le fieur de Toiras continuant de preffer
le combat, dit, Qu'il falloit ou les laiffer aller , ou les combattre en ce lieu là , n'y en
ayant plus qui fuft propre pour venir aux
mains.

L'Infanterie demeurée derriere, c'eftoit
vn fujet de ne les point attaquer , n'eftant
pas raifonnable de hazarder le combat
auec la feule Caualerie. Cela fut fuiuy d'vn
commandement de faire aduancer quel-

ques mousquetaires, lesquels estans conduits par le ieune Droué, quoy qu'en petit
nombre, commencerent d'attaquer les ennemis si viuement dans vn chemin estroit,
entre la digue & la dune, qu'elle leur fit
tourner les espaules: Et nostre Caualerie allant à celle des ennemis, Bussy lès pressa de
si prés, qu'il leur fit prédre la fuitte, d'où il
arriua que se renuersant sur leur Infanterie,
toute l'arriere-garde des ennemis fut mi-
se en fuitte, dans laquelle la peur les saisit,
de sorte que voulans euiter la mort par la
force de nos armes, ils la trouuerent dans
vn Element bien plus impitoyable, qui
estoit l'eau, où il s'en noya vne telle quantité, que le nombre en est plus grand qu'il
ne paroist. Les nostres suiuirent cette victoire iusqu'au delà d'vn pont que les ennemis auoient faict quelques iours deuant
en vn passage qui s'appelle l'Isle de Loye,
qui n'est separé de celle de Ré que par le
flus & reflus de la mer.

M. de Schomberg voyant qu'il luy estoit
succedé ce qu'il pouuoit desirer pour l'aduantage du seruice de S. M. commanda la
retraitte, laissant deux Regiments pour
conseruer la teste des dunes & mettre en
seureté quelques blessez qui furent portez
à vne maison proche où se fit cette des-

routte, dans laquelle il eſt tres-vray que les Anglois ont perdu plus de quinze cents hommes morts ſur la place, ſix à ſept cents priſonniers. Entre les morts, Carle Rich frere du Comte de Holland, ſon Lieutenant Colonel, le Cheualier Alexandre Colonel & couſin de Bouquinquan, le Colonel Halé, le Colonel Byngleys, le Colonel Conrihain y ſont demeurez. Outre, quantité de Capitaines & force Officiers, & le Lieutenant de la Caualerie. Pour les priſonniers le Milor Mon-joye, Grais Eſcoſſois Colonel de leur Artillerie, trente-cinq Capitaines, pluſieurs Officiers, & le frere du Cheualier de la Chaiſe. Il y eut quatre pieces de campagne priſes & quarante-ſix Enſeignes, deſquelles l'vne & la premiere fut priſe par le ſieur de Beringuen.

Du coſté du Roy Porcheux Capitaine au Regiment des Gardes, & tres-vaillant homme, eut vne cuiſſe caſſée, Vilquier vne mouſquetade au trauers du corps, mais ſa bleſſeure eſtoit ſans danger, le General des Galeres vn coup de piſtolet de deux bales, l'vn à l'eſpaule, l'autre au bras; & quelques autres bleſſez legerement, & huiſt à dix ſoldats morts.

Apres cette deffaitte de Ré les Anglois ayans perdu quatre mois de temps en ladi-

te Isle sans aucune expedition de remarque, & sans auoir peu iamais empescher an-
cun conuoy de viures & d'hommes, furent
contraints de leuer les anchres, apres vne
perte si signalée qu'il en sera à iamais parlé.

Ayant donc ainsi esté chassez de l'Isle, ils
se rembarquerent en leurs vaisseaux, &
apres auoir faict quelque sejour en l'Isle &
Fossé de Loye, voyans tous leurs desseins
auortez, leur armée grandement affoiblie
& diminuée, sans esperance de secours, soit
d'Angleterre ou d'ailleurs, ils se resolurent
de prendre la haute mer & la route d'Angleterre.

Mais auparauant ils supplierent le Roy de
commander par sa clemence la deliurance
des prisonniers qui estoient detenus dans
l'Isle de Ré, en rendant les François qui
estoient prisonniers dans leurs vaisseaux.
Ce que sa Majesté meue par vn excés de misericorde leur permit & octroya.

Entre autres François qui furent rendus
par les Anglois estoit M. de Rasilly, M.
le Baron de Sainct Seurin que le Duc de
Bouquinquan auoit retenu prisonnier au
retour de Paris, & quelques autres.

Apres la deliurance des prisonniers François furent aussi deliurez les Anglois, qui
en rendirent graces à Dieu & au Roy.

Il ne

Il ne faut obmettre en ce lieu la congratulation que fit noſtre S. pere le Pape Vrbain 8. à Monſeigneur le Comte de Chõ-
berg & M. de Toiras ſur la victoire obtenue contre leſdits Anglois en l'Iſle de Ré.
Les termes Latins & François ſont en ce
ſtyle.

VRBANVS PAPA VIII.
Dilecto Filio, Nobili Viro, Comiti
de Chomberg.

DILECTE FILI, NOBILIS VIR,
Salutem & Apoſtolicam benedictionem.
Coruſcarunt fulmina vltionis Omnipotentis
in dextera nobilitatis tuæ, patuitque orbi terra-
rum in tua inſigni Sanctonici Oceani victoria
quid ſperare ortodoxi Reges poſſint, cùm impe-
ria militaria ijs Ducibus mandant, quos efficit
Pietas Cœlitibus gratos, Fortitudo hoſtibus for-
midoloſos. NOS qui Religionis triumphos eſſe
arbitramur Decora Pontificatus, cum tibi ac
Chriſtianiſſimis legionibus hactenus ſtudueri-
mus pijs precibus parare auxilia cœleſtis exerci-
tus; Nunc triumphante gaudio noluimus tàm
religioſum victorem carere Apoſtolicæ vocis lau-
datione: benedicimus tibi omninò peramanter,
(DILECTE FILI) quem fauſtis LVDOVICI
Regis auſpicijs, hoc tempore, in Gallia militare
arbitramur, vt hæreſis diabolicis viribus exar-

*mata, florentißimum istud Regnum tàm crebris
ciuilium bellorum procellis aliquando liberetur:
neque tibi in acie vis, neque in consilio pruden-
tia deest. Vtraque hac laude nobilitatis tuæ, ac
diuinæ Clementiæ auxilijs freti, audemus Chri-
stianißimo Regi perfecti triumphi gloriam augurari. Datum Romæ apud S. Petrum sub annulo Piscatoris, die 3. Decembris, 1627. Pontificatus nostri anno quinto.*

    Signatum, IOANNES CIAMPOLI.

VRBAIN PAPE VIII.

A nostre aimé fils & noble homme, le Comte de Chomberg.

CHER *fils & noble homme*, Salut & Benediction Apostolique.

Les tonnerres de la vengeance du Tout-puissant ont faict reluire leurs esclairs en vostre dextre valeureuse: & en la signalée victoire de la Mer
de Sainctonge est apparu aux yeux de l'Vniuers
ce que les Roys vrayement Chrestiens peuuent esperer, lors qu'ils donnent les charges militaires à
des Capitaines, que la Pieté rend agreables aux
Bien-heureux, & la Force terribles & redouta-
bles aux ennemis. NOVS qui tenons les trophées de la Religion pour les ornemens de nostre
Pontificat, ayans iusqu'aujourd'huy cooperé par
des votes prieres à vous procurer & aux armées
du Roy Tres-Chrestien le secours des bataillons

celestes: parmy les acclamations publiques nous
n'auons voulu qu'vn vainqueur tant zelé, fust
destitué de louanges Apostoliques. De toute l'e-
stenduë de nostre amour, nous vous benissons,
cher fils, vous que nous estimons encore pour
l'heure presente combattre en France, sous les
heureux auspices du Roy LOVYS; afin que l'heresie desarmée de ses forces diaboliques, vn iour
ce florissant Royaume soit deliuré des trop fre-
quens orages des guerres ciuiles: La force ne
vous manque point aux Armes, ny la prudence
au Conseil. Sur l'asseurance de l'vne & de l'autre recommendation de vostre Noblesse, & sur
l'assistance de la Bonté diuine, nous osons presa-
gir au Roy Tres-Chrestien la gloire d'vne parfaicte victoire. Donné à Rome à S. Pierre sous
l'anneau du Pescheur, le 3. iour de Decembre,
1627. l'an cinquiesme de nostre Pontificat.
Signé, IOANNES CIAMPOLI.

VRBANVS PAPA VIII.
Dilecto filio, Domino de Toiras.

DILECTE FILI, *Salutem & Apostoli-*
cam benedictionem.

Digna est ad quam Pontificiæ congratulationis
Epistola perueniat, dextera fortitudinis tuæ, in
qua nuper trepidante in triumphis religionis in-
ferno cælestis hastæ coruscationes illuxerunt.
Audiuimus qua constantia & gloriosam fratrū

mortem pertuleris, & sacrilegam hostium auda-
ciam perfregeris. Plaudens tui nominis laudibus
Ecclesia audet te militante, & tam pio Rege do-
minante, augurari in florentissimo regno sem-
piternum exilium impietati. Nos orabimus om-
nipotentem, vt sollicitudinis nostræ vota secun-
det, tibique, cui patrocinium nostrum pollice-
mur, Apostolicam benedictionem impartimur.
Datum Romæ apud sanctum Petrum sub annu-
lo Piscatoris, die 3. Decembris 1627. Pontifica-
tus nostri anno quinto.

    Signatum, Ioannes Ciampoli.

V R B A I N   P A P E   VIII.

A nostre aimé fils, le Sieur de Toiras.

Nostre *bien aimé fils, Salut & benedi-*
ction Apostolique.

Vostre valeur merite d'estre honnoree de cette
lettre de congratulation du S. Siege, en laquelle
tout fraischement l'esclat des armes du Ciel a
paru, à l'heure que l'enfer trembloit parmy les
triomphes de la Religion. Nous avons entendu
de quelle resolution & constance vous auez non
seulement porté la mort glorieuse de vos freres,
mais aussi vous auez rembarré la temerité sacri-
lege des ennemis. L'Eglise qui applaudit aux
louanges de vostre nom, ose bien se promettre,
soubs le maniement de vos armes, & la domina-
tion d'vn Roy si zelé à la Religion, que l'impieté

fera pour iamais bannie d'vn Royaume tres-
floriſſant. Nous ſupplierons le Tout-puiſſant,
qu'il ſeconde les vœux de noſtre ſollicitude, & à
vous, à qui nous promettons noſtre protection,
nous eſlargiſſons la benediction Apoſtolique.
Donné à Rome à S. Pierre ſoubs l'anneau du Peſ-
cheur le 3. Decembre 1627. & de noſtre Pon-
tificat le cinquieſme.

   Signé, IOANNES CIAMPOLI.

Le Roy ayant faict remercier Dieu d'vne
victoire ſi ſignalée par tout, & principalement en l'Egliſe de Paris, où elle fit apporter & appendre quarante quatre drapeaux
Anglois le 21. iour de Decembre 1627. qui
s'y voyet à preſent, reprint les derniers er-
remens du ſiege de la Rochelle. Et au meſme temps que leſdits drapeaux furent ap-
portez fut reſolu au Conſeil de guerre que
M. le Mareſchal de Baſſompierre ſeroit enuoyé au Bourg de la Fons auec deux Regimens pour ſe ſaiſir de la place, où il fut
ſuiui d'vne grande allegreſſe par tous les
ſoldats; & pour cet effect il fit marcher la
Cauallerie ſur les aiſles, qui eſtoit au nombre de cinq cens maiſtres: en deſpit des habitans de la Rochelle & deux ſorties qu'ils
firent, il ſe rendit maiſtre de la place, d'où
furent incommodez extrememement les Ro.

chelois à cause du passage des eaux douces
qui leur fut retranché.

D'autre part sa Majesté fit monter vn
grand nombre de vaisseaux qui bouchoiét
de toutes parts les aduenues de la mer,
outre la flotte que le Roy d'Espagne enuoya commandée par le sieur de la Riuiere
General de l'armée Espagnole, qui fut re-
ceue par M. de Guyse. Mais S. M. se voyāt
assistée d'assez grand & suffisant nombre
de vaisseaux, ne se seruit de ce secours du
Roy d'Espagne, se contentant de la bonne
volonté qu'il luy auoit monstrée en yne affaire si importante.

Or pour boucler du tout le costé de la
terre aux Rochelois, & empescher que rien
ne peust entrer dedans la Rochelle, le Roy
s'aduisa de faire bastir des Forts tout à l'entour, outre la Poincte de Coreilles, qui battoit de front tout ce qui se pouuoir presen-
rer au port de la ville. Et pour distinguer
lesdits Forts il sera bon de les specifier se-
parément, apres auoir sommairement faict
vne description de ce qui est le plus remar-
quable en la ville de la Rochelle.

Ce qui est de plus remar-quable dans la Rochelle. Le Haure se presente le premier, l'entrée
duquel sont deux Tours platées en la mer,
ausquelles se ioignent les murs de la ville,
l'vne s'appelle la Tour S. Nicolas, l'autre la

Tour du Garot, autrement la Tour de la
Chaifne, par entre lefquelles deux Tours
entrent les Vaiffeaux dans la Rochelle du
cofté de ladite Tour du Garot, & le Bouleuard & batteries des Dames, qui eft vne
piece deftachée hors la ville, où les Rochelois auoient mis du canon qui regardoit
fur le Fort Loys, & fur la Caualerie qui entroit en garde dudit cofté.

La porte des Moulins garnie de fes Efperons.

La porte Neufue garnie de fes Efperons.

La porte de Coigne garnie de fes Efperons.

La porte de Maubec garnie de fes Efperons, qui eft par le dedans de la Ville Neu-
ue, où eft la Tour de Maureille.

La porte S. Nicolas garnie de fes Efperons, au deuant de laquelle eft le Fort de
Tadon, efloigné de ladite porte de plus de
cinq cens pas, fur lequel Fort les Rochelois auoient auffi du Canon, qui regardoit
du cofté d'Eftré: entre le Fort & ladite porte y a vn Moulin à vent: & au dedans de la
ville y a feize autres moulins à vent.

Plus y a deux autres moulins à eaue au
dedans de la ville, au bout du Haure, qui
moulent de la venue & retour de la marée, par le moyen de l'eau que l'on retient

O iiij

par les Escluses.

Il y a dans la vieille ville le Bouleuard de l'Euangile, où y auoit batteries de Canon.

Plus le Clocher de S. Barthelemy, qui est prés la porte Neufue.

Le Clocher S. Sauueur, prés la ruë sainct Nicolas.

La Tour de la grosse Horloge.

Le Clocher S. Marguerite, & le Clocher du College.

La place du Chasteau, sur laquelle y a vne grande platte-forme, sur icelle grand nombre de canon, qui regardoit sur le Fort Louys, auprés de laquelle place est le Temple neuf.

Le Temple S. Yon.

L'Hospital ioignant la porte Neufue, auprés duquel est l'Arcenal des canons.

La Maison de Ville, qui est en la ruë S. Yon.

La Tour de la Lanterne qui est proche le Haure.

Plus y auoit dans ladite ville vn Maire, des Escheuins & Capitaines.

Vn Palais Royal, où il y auoit vn Presidial, vn Iuge Criminel, vn Assesseur Ciuil & Criminel, vn Iuge de la Preuosté, vn Iuge du Seel.

Plus y a sept ieux de paumes couuerts de thuile.

Contre tant de forteresses, n'estant possible les battre en ruine sans infinie perte d'hommes, sa Majesté fit construire plusieurs Forts. Et premierement à la Pointe de Coreilles, (qui est vn bras de terre enchassé par vn bout dans la mer, & l'autre bout tenant à la terre qui vient d'Estré à ladite Pointe) y auoit vne batterie de quinze gros doubles canons de fonte verte, qui estoient posez sur la mer, leur emboucheure vers le Vaisseau de l'Admiral, qui estoit à la rade, assisté de plusieurs autres grands vaisseaux. *Forts à l'entour de la Rochelle.*

De la Pointe de Coreilles à venir à la Digue il y a la portée d'vn mousquet, auquel lieu y auoit grand nombre de huttes, & logements où se retiroient plusieurs ouuriers & cabaretiers.

A l'entrée & commencement de la Digue du costé de Coreilles, il y a vn fort, où estoit vne batterie de six canons pointez à tirer sur la Digue & vers la Rochelle.

Vne Chappelle enchassee auec ledit fort, où on disoit tous les iours Messe.

Il y auoit à la fin de Iuin 1628. enuiron treize cens pas communs de faict de la Digue, à la diligence de M. l'Euesque de Man-

des que M. le Cardinal de Richelieu y auoit
commis, sçauoir du costé de Coreilles
quelques sept cens pas, & du costé du Fort
Louys six cens, & restoit à faire enuiron
quatre cens pas, le canal ayant enuiron dix-
sept cens pas cõmuns. Et en cette distance
qui restoir à faire il y auoit quantité de vaisseaux eschouez en tous sens, remplis de
pierres, & d'autres vaisseaux à l'anchre mu-
nis d'hommes & d'armes pour la garde du
passage, en sorte qu'il estoit impossible
qu'il passast rien sans estre veu & arresté.

Cette Digue estoit bastie en talus, &
composee d'vn grand amas de pierres sei-
ches maçonnées, renforcie par le limon &
grauier, & autres matieres que la vague iettoit, en sorte qu'elle s'estoit endurcie comme vn rocher par l'ayde de ces matieres li-
moneuses.

Entre la Digue commencée du costé de
Coreilles & du costé du Fort Louys y auoit
trente grands vaisseaux flottans ancrez de
chacun deux ancres par chaque bout : les
cables qui les tenoient estoient entrelassez
les vns par sus les autres, & se tenoient lesdits vaisseaux auec grosses cordes & cables
par les mats, par-dessus le tillac, bout &
orée, & par plusieurs endroicts, & auoient
lesdits vaisseaux le chef vers la Mer, & le

derriere vers la Rochelle, garnis au reste de canons & d'hommes de guerre, auec nombre de barques flottantes, femées & couplées parmy lefdits trente grands vaif-feaux.

Vne Palliffade de vaiffeaux coulez à fóds remplis de pierre, ioignant & au deffús du chef defdits grands vaiffeaux, remplis de quátité de canons pour empefcher l'entrée & fortie des vaiffeaux de la Rochelle en plaine Mer.

Au deffus de la Digue en mer, vis à vis de Chef de Baye, eftoit le vaiffeau de l'Ad-miral, accompagné de trente grands vaif-feaux & barques flotantes, garnis d'hom-mes de guerre, & canons.

Entre la Digue & la Rochelle y auoit fix grands vaiffeaux & feize barques flo-tantes garnies d'hommes & de canons, qui feruoient pour defendre ce qui euft peu fortir par mer de la Rochelle, & à couurir les ouuriers qui feruoient au trauail de la Digue du cofté de Coreilles.

Du cofté du Fort Louys, au deffus de la Digue, tirant vers Chef de Baye, y auoit vn petit Haure faict de nouueau, qui auoit 25. pas de long ou enuiron, où venoient aborder & efchouer les vaiffeaux qui ap-portoient des prouifions en l'Armée du cofté & quartier du Fort Louys.

Reuenant vers la Digue, y auoit le Fort neuf, où eftoit la batterie de Monfieur de Baffompierre, en laquelle y auoit fix doubles canons pointez à tirer fur mer.

Le Fort de Richelieu eftoit ioignant la Digue du cofté du Fort Louys, duquel Fort *Ligne de communi-cation.* commençoit vne ligne de cõmunication, prenant vn grand circuit autour de la Rochelle, qui alloit finir au Fort & batterie de Coreilles proche la Digue de l'autre cofté: laquelle ligne auoit trois lieues de long, huiƈt pieds d'ouuerture, fix pieds de creux ou enuiron, & auoit fa iettée vers la Rochelle, & par le creux d'icelle les hommes de cheual & de pied alloient à couuert du canon de la Rochelle, aux Forts, Redouttes & demie-Lunes, plantées & femées par ladite ligne de communication.

Le Fort Louys ancien, vis à vis du Fort & batterie des Dames, & la Tour du Garot de la Rochelle, lequel Fort Louys eft en quarré, & contient d'eftendue vn iourneau de terre, fans comprendre les dehors & les Pauillons qui font aux quatre coins dudit Fort, fur chacun d'iceux y auoit vne batterie de cinq doubles canons : les deffous qui garniffent ledit Fort, font pieces deftachées, comme efperons & demie Lu-

nes: ledit Fort bat sur la Rochelle & sur ledit Fort des Dames, qui est aussi vne piece
destachée hors leur ville, où les Rochelois auoient vne batterie de canon.

Les redoutes du Bourg sainct Maurice,
qui est de ce costé esloigné de demie lieue
de la Rochelle.

Le Fort S. Esprit, vis à vis la porte de la
Lanterne de la Rochelle, qui est esgal ou
approchant du Fort Louys, comme pareillement sont les autres Forts, sinon qu'ils ne
sont esgaux en grandeur.

Les redoutes situées vers le Bourg de la
Leu, qui estoit le quartier de Monsieur de
Bassompierre.

Le Fort de S. Marie, vis à vis la porte neu-
ue de la Rochelle.

Le Fort de la Fons proche le fauxbourg
de la Fons.

Le Fort de Beaulieu du costé de la porte
de Congnes.

Les redoutes du village de Roussaye.

Le Fort des Salines, auec ses redouttes.

Le Fort de la Moulinette, auec ses redouttes.

Le Fort de S. Nicolas vis à vis de la porte S. Nicolas, & Fort de Tadon des Rochelois, auec ses redouttes.

Le Fort de Bonne greine, auec ses redouttes.

Le Fort de Coreilles, auec vne batterie proche d'iceluy, garnie de sept doubles canons, qui estoient pointez par leurs embrazures à tirer dans le Havre & entrée aux deux grandes Tours de la Rochelle.

Vn grand Fort, nommé le Fort d'Orleans, alors abandonné, d'autant que ledit fort & batterie de Coreilles furent depuis faicts entre iceluy grand Fort d'Orleans & la Rochelle.

Entre Estré, quartier du Roy & ledit Fort S. Nicolas, y auoit vne grande hutte faicte comme vne Halle, en laquelle se mettoit à couuert la Cauallerie, & Gendarmerie qui entroient en garde dudit costé, & y auoit proche d'icelle hutte vn petit fort, où entroit de l'Infanterie en garde, pour se couurir & seruir à la Caualerie, en cas de retraite.

Il y auoit du costé proche du Fort Louys vne autre hutte, où se mettoit pareillement la Caualerie qui entroit dudit costé, & pour retraicte auoient ledit Fort Louys.

Departement des Seigneurs. Monsieur le Duc d'Angoulesme commandoit depuis la Moulinette iusques à Coreilles.

Monsieur le Mareschal de Schomberg commandoit depuis la Fons iusques à la Moulinette.

Monſieur de Baſſompierre commandoit
depuis le Fort Louys iuſques à la Fons.

Monſieur de Marillac commandoit à la
Pointe de Coreilles, à la Digue & trauail
qui ſe faiſoit en icelle.

Quant aux troupes de ſa Maieſté elles
eſtoient compoſées des Regiments qui
ſuiuent.

Premierement, celuy des Gardes du
Corps.

Les Suiſſes, Rembure, Chãpagne, Beaumont, Milleraye, Piedmont, Chappe, d'E-
ſliſas, Pompadou, Chaſtelbayard, Haul-
tyſac, & de Tirec, ſans comprendre ceux
de Ré, d'Oleron, Brouage, & autres qui
eſtoient en l'armée Nauale.

Le Mardy 25. Auril 1628. derniere feſte
de Paſques, le Roy enuoya　　　　Bou-
langer (faute de Herault) accompagné de
Charles & Iean Rode le Ieune Trompettes
de ſa Majeſté, pour ſommer la Ville, leſquels eſtans arriuez à la porte de Congnes,
vn Sergent ſe preſenta à eux, auquel apres
auoir demandé à parler aux Maire & Eſcheuins de la part du Roy, il leur commanda de ſe retirer, diſant; Nous ne reco-
noiſſons point d'autres Eſcheuins & Gouuerneurs que nous meſmes, perſonne ne
vous veut eſcouter, retirez vous prompte-

ment: tellement qu'ils s'en retournerent ainſi ſans eſtre ouys.

Pluſieurs ſorties l'eſpace de vnze mois ou enuiron que la ville fut aſſiegée, mais les ennemis repouſſez courageuſement par les noſtres, auec grande perte de leurs gens, & petite des aſſiegeans, les choſes demeu-rées en cet eſtat, & les aſſiegez reduits en extreme neceſſité de viures, n'auoient plus d'eſperance de ſecours & de rafraichiſſe-ment que de la part des Anglois. Par deux fois ils furent entretenus de l'attente qui leur venoit de cette part, & de faiĉt apres l'effort de l'Iſle de Ré la flotte des Anglois s'efforça de ſecourir & de viures & d'hom-mes les Rochelois.

Premierement leſdits Anglois firent ac-cord auec les Rochelois d'eſtre condu-ĉteurs de leur ſecours auec leurs vaiſſeaux de guerre iuſques à l'emboucheure de leur Canal; toute leur flotte eſtant en nombre de ſoixante ſept vaiſſeaux tant grands que petits, à ſçauoir huiĉt Remberges, & dix-huiĉt vaiſſeaux de guerre, le reſte toutes ſortes d'autres vaiſſeaux chargez de viures, dans leſquels vaiſſeaux de guerre y auoit enuiron deux mil hommes, conduits & commandez par le Comte d'Emby, beau frere du Duc de Bouquinquan; & de la part

des

des Rochelois le Capitaine Bidaut leur Admiral.

Ils arriuerent le Ieudy vnziefme iour de May 1628. fur les fix heures du foir, & voulurent moüiller leurs ancres à la rade de Chef de Baye, mais le Marefchal de Baffompierre commandant de ce cofté là, auec vne batterie de neuf canons, (que le Roy auoit fait faire, contre l'opinion de tous les Generaux de l'Armée, & mefme dudit fieur de Baffompierre) s'en feruit fi à propos, que de cinquante volées de canon il y en eut quarante qui toutes porterent, & blefferent leurs vaiffeaux, & entre autres celuy d'vn Colonnel qui fut tué auec fept de fes Capitaines, en telle forte qu'ils furent contraints de defancrer de Chef de Baye, & fe retirer de cette rade pour en aller prendre vne autre à l'embouf-cheure du Canal, d'où ils furent faluez de la mefme façon par vne batterie de quatorze canons qui eftoient à la Pointe de Coreilles, ce qui les contraingnit de s'efloigner d'enuiron demie lieue dans la Mer.

Pendant toutes ces chofes le Roy eftoit à Surgeres, & eftant aduerty par le Cardinal de Richelieu, partit incontinent pour aller mettre ordre à fon armée, où eftant il em-

P

ploya le reſte dudit iour à tenir le Conſeil
de Guerre pour l'ordre du Combat; & ne ſe
paſſoit nuiƈt durant ces huiƈt iours, que le
Roy ne fuſt viſiter la Digue & les trauaux,
tant d'vn coſté que de l'autre.

L'ordre de combattre fut de mettre
quantité de gens de guerre ſur les vaiſſeaux
de la Palliſſade flottante, & ſur tout de
celle qui eſtoit auancée en poinƈte; compoſée de quatre-vingts ou cent vaiſſeaux, tout cela remply de gens de guerre & de toute la Nobleſſe, où la compagnie des mouſquetaires du Roy eſtoit ſe-
parée en quatre.

Il y auoit encores dans les deux angles
de ladite Paliſſade aduancée en pointe enuiron quatre-vingts ou cét petits vaiſſeaux,
tant Galiotes, Brigantins, que Chaloupes,
commandées toutes par des Seigneurs &
Gentils-hommes à qui le Roy en auoit
donné le commandement.

Au deſſous des Palliſſades flottantes du
coſté de la ville, eſtoit quantité de pareils
petits vaiſſeaux chargez de gens de guerre
& Nobleſſe pour empeſcher la ſortie de la
ville, & les bruſleaux.

Il y auoit à l'aduant-garde à l'emboucheure du Canal du coſté du Chef de Baye
vingt deux vaiſſeaux de guerre, ſur leſquels

estoit aussi grande quantité de Noblesse commandée par monsieur le Commandeur de Valencé, & y estoit en personne sur l'Admirale, comme vice-Admiral.

Monsieur le Cardinal durant cesdits iours fut visiter tous lesdits vaisseaux à la mercy du canon de la ville.

Ces deux ou trois premiers iours se passerent sans que la flotte ennemie fist grand bruit, sinon qu'elle enuoya vne fort petite Chaloupe auec vn Capitaine nommé Bidaut Rochelois, & deux rameurs, qui la nuict se vint mesler parmy les vaisseaux du Roy, demandant vne Galliote comme s'il eust esté de la troupe, laquelle leur fut monstrée, ce qui fit croire que c'estoit pour porter l'ordre: car depuis ce temps là ils mîrent vne Enseigne sur la Tour de la Chaisne, & toutes les nuicts vn fanal de feu, qui fut cause que l'armée se tenoit sur les armes, tant sur mer que sur terre, & principalement les Mardy, Mercredy & Ieudy, qui estoit la marée haute, dont ledit iour de Mercredy ils enuoyerent vn vaisseau de cent cinquante tonneaux, & trois hommes dedans pour y mettre le feu, auec vne petite barque y attachée pour se retirer apres: mais la batterie de Chef de Baye tira vingt ou trente volées de canon, qui blefferent ladite Barque en telle forte qu'elle prenoit eau de tous coftez, ce qui contraignit les trois hommes de mettre le feu audit vaiffeau ou brufleau pour faire fon effeƈt, & le laiffer aller au courant de la marée pour voir s'il pourroit reuffir contre nos vaiffeaux: mais au contraire il alla efchouer contre terre du cofté de Chef de Baye, où il fe brufla, & les trois hommes coulerent à fonds auec leurdite barque.

Les ennemis ne firent rien de tout ce iour là; & attendirent la marée du lendemain Ieudy 18. du mois, qu'ils enuoyerent vn autre brufleau auec fept hommes ingenieux & des artifices à feu en forme de petards, qu'ils efperoient porter dans l'eau au premier heurt que feroit ladite barque ou brufleau, & auoient vne petite barque pour fe retirer comme les autres: mais la fortune arriua que l'artifice ioua pluftoft qu'ils n'efperoient, lequel fit fauter ledit vaiffeau & les hommes dans l'eau. Ce que voyant les ennemis eftant tous appareillez, & fur les voiles, prirent refolution de fe retirer, où arriua vn grand contrafte entre le Capitaine Bidault Admiral defdits Rochelois, & le Comte d'Emby general de toute la flotte.

Il eft à remarquer que le Roy par vn particulier soin à son arriuée de Surgeres dans son armée, & à l'arriuée desdits Anglois, voulut que tout le monde se mist en bon estat, comme luy mesme en donna l'exemple, ce que chacun fit auec grand zele & deuotion.

Des soixante & sept vaisseaux des Anglois ne s'en retourna que cinquante deux, le reste ayant esté bruslé, ou mis à fonds.

Peu de temps apres que les Anglois furent repoussez, l'Assemblée du Clergé qui se tenoit à Fontenay le Comte, donna de certains effects & tesmoignages de la singuliere affection qu'ils portoient au Roy, & au bien de la France. Car par contract passé audit lieu le 17. Iuin 1628. ils accorderent à sa Majesté, outre de grandes & notables sommes qu'ils luy auoient fournies les années passées, la somme de trois millions de liures, pour tesmoigner le desir qu'ils auoient de l'augmentation de la Religion, & de la ruine de l'heresie; & specialement pour aider à la prise de la Rochelle, sans laquelle ils n'eussent rien accordé à sa Majesté, afin que ladite somme fust employée à la continuation dudit siege, & non ailleurs.

Trois millions de liures accordez au Roy par le Clergé.

Enuiron ce mesme temps, le 18. Iuillet suruint la conuersion tres-desirée de M. de

Conuersion de M. le Duc

la Trimoüille Duc & Pair de France, laquelle se fit à la face de toute la Cour en la Maison de la Saussaye, proche du Camp du Roy, pendant le siege de la Rochelle, par les instructions de ce grand Cardinal de Richelieu, qui n'a rien d'egal à sa doctrine que sa probité, qui sçait prendre les ames aussi bien que les villes ; en presence de Messieurs le Duc d'Angoulesme, de Souré, & autres Seigneurs de remarque, ledit Seigneur fit sa profession publique, renonça à son erreur, ouyt la Messe à genoux, & receut auec vne profóde humilité les douces consolations de ce Prelat incomparable. Ainsi sortant des mains d'iceluy s'alla presenter à sa Majesté, offrant pour preuue de sa fidelité vne nouuelle conscience, auec vn desir de le seruir sans exception. Il ouyt la Messe le lendemain auec sa Majesté, qui luy tesmoigna le contentement qu'elle receuoit de le voir reuny au corps des fideles, & luy promit qu'il communieroit auec elle à la prochaine feste. Cette conuersion fut tenue pour vn bon-heur & signe certain que la cholere de Dieu s'estoit retirée de nous, que les eaux de son deluge s'abaissoient, puisque cet oyseau de bon augure estoit retourné dans l'Arche. Bref apres la grace de Dieu on attribue l'acheminement

& l'accompliſſement de cette conuerſion
à ſa tante Madame de Sainᵉ Croix, dont
les prieres ne demandent rien à Dieu qu'elles n'obtiennent, auec les inſtruᴄtions de
M. le Cardinal de Richelieu par l'eſpace de
trois iours, dont ledit Seigneur de la Trimoüille recognut luy meſme auoir eſté viuement touché. Ce furent les inſtrumens
de ſa conuerſion, Dieu ſeul en a eſté l'autheur.

Le Mercredy 16. Aouſt de la meſme année 1628. le Roy enuoya M. le Breton Roy
d'armes à la Sauſſaye vers M. le Cardinal
de Richelieu, pour receuoir commandement d'aller ſommer la Rochelle, lequel
eſtant reueſtu de ſa Cotte d'arme, ſon bon-
net de veloux, & le baſton Royal en main,
accompagné de Pierre Gilbert & Guillaume Rode le ieune Trompettes ordinaires
du Roy : apres auoir faiᴄt les chamades &
approches, arriuerent proche la porte de
Congnes, où ſix ſoldats armez de longues
harquebuſes à fuſil & hallebardes les receurent ; & leur ayant demandé à parler aux
Maire & Eſcheuins de la ville de la part du
Roy pour leur annoncer ſa volonté, ils de-
puterent vn d'entre eux pour en aller donner aduis auſdits Maire & Eſcheuins, lequel y alla, mais ne retourna point : & enui-

Sommation de la Rochel-le.

ron vne heure & demie apres vn Sergent
de la garde alla faire rentrer les foldats qui
gardoient le Heraut & Trompettes, aufquels il dift qu'ils fe retiraffent, & qu'on
n'auoit rien à leur dire : & l'vn des Trompettes luy ayant faict commandement de
par le Roy de luy dire de la part de qui il
les faifoit retirer, il luy fit refponfe qu'il ne
s'en informaft pas dauantage, & qu'ils fe
retiraffent promptement. Ce qu'entendant le Heraut qui eftoit demeuré douze
ou quinze pas derriere les Trompettes, pi-
qua pour parler à ce Sergent, mais voyant
qu'il ne le vouloit entendre, ietta fa Commiffion par efcrit.

Ce manquement de refponfe de la part
des Rochelois ne procedoit que de l'attente qu'ils auoient d'eftre fecourus par fes
Anglois : comme de faict ils s'efforcerent
peu de temps apres de s'approcher pour
fecourir ladite ville, & parurent à la rade
de Ré le Ieudy 28. Septembre enfuiuant,
& s'approcherent le Vendredy entre Cou-
deuache & Chef de Baye.

Le Samedy 30. ils prirent leur pofte à
Chef de Baye, fans qu'il fe paffaft autre
chofe que trente coups de canon, que le
Roy, qui eftoit aux batteries en perfonne,
leur fit tirer à l'abord.

Secours d'Angleter-re paroift à la rade de Ré.

Le Dimanche premier Octobre ils s'ap-
presterent sur les trois heures apres midy
pour entrer dans le canal auec la marée sur
les six heures du soir : mais le vent leur
manqua.

La nuict ils enuoyerent dix ou douze es-
peces de petards flottans pour brusler les
vaisseaux du Roy, dont le corps est de fer
blanc, plein de poudre, qui flotte sur vne
piece de bois de saule, au trauers de laquelle il y a vn ressort, qui rencontrant vn vaisseau, desbande & fait ioüer le petard. Vn
de ces petards rencontra la boüée d'vn des
vaisseaux du Roy, qui luy fit faire son effect,
qui ne fut autre que de ietter force eau
dans le vaisseau. Tous les autres furent pris
nageans sur l'eau sans faire mal.

Le Mardy 3. les ennemis ayans bon vent
pour attaquer l'armée nauale du Roy, s'ap-
pareillerent dés les quatre heures du matin, & s'approcherent de l'armée du Roy;
en sorte qu'à six heures precisémét le combat commença, & finit entre neuf & dix. Il
s'y tira cinq mil coups de canon de part &
d'autre.

Combat Naual, faict deuant la Rochelle, le 3. Octobre 1628.

L'effect de ce combat ne fut autre, sinon
qu'vn vaisseau des ennemis estant venu
faire sa bordée fort prés des vaisseaux du
Roy, fut coulé à fonds ; & ce qui est à not-

ter, eſt que c'eſtoit le principal de leurs vaiſſeaux foudroyans, auquel eſtoit toute leur
eſperance. Ce fut le vaiſſeau Admiral de
l'armée du Roy qui le mit à fonds de trois
coups de canon, qui en perçant le vaiſſeau
mirent le feu à l'artifice, & le firent ioüer
ſous l'eau ſans effect.

On prit deux autres barquettes des ennemis : & force coups de canon donnerent
dans les Remberges.

Ceux de la Rochelle n'eurent pas le courage de faire ſortir perſonne par terre ny
par mer, que trois chaloupes, dont vne fut
enfoncée, & les hommes perdus à la veue
de tout le monde.

Au reſte ils eſtoient ſi abatus, que le ſieur
de Fouquieres eſcriuit le ſoir precedent
qu'ils vouloient ſe rendre au Roy à la veue
des Anglois.

Le Roy ne perdit que ſix hommes en
toute ſon armée nauale, & trois bleſſez.
Tous les vaiſſeaux de ſa Majeſté firent merueilles, quoy que les ennemis euſſent tout
l'aduantage du vent.

Le Roy vid tout le combat, eſtant en lieu
où pluſieurs coups de canon vindrent à
quatre pas de luy : d'autres paſſerent à coſté, & ſur ſa teſte, ſans que iamais il ſe vouluſt retirer, quoy que ſes ſeruiteurs l'en
ſuppliaſſent.

Desfriches, Bourneuf, Berlife, Pienne, &
vn Ingenieur de l'Artillerie nómé du Lac,
furent tuez d'vn coup de canon de la Rochelle, qui fut à la Poincte de Coreilles.

Depuis cette derniere defcente des Anglois, qui fut vaine & fans effect comme les
deux premieres, les Rochelois reduits en
extreme neceffité de viures, n'eurent plus
autre recours qu'à la Clemence du Roy:
car ils fe rendirent à difcretion à fa Majefté
le 30. Octobre 1628. à la veue de l'armée
Angloife, dont furent rendues actions de
graces à Dieu dans Paris, & par toute la
France. Les articles que le Roy leur accorda font en ces termes.

Les Maire, Efcheuins, Pairs, Bourgeois & *Articles ac-*
Habitans de la ville de la Rochelle, repre- *cordez par*
fentez par Iean de Berne Efcuyer Sieur *le Roy, à fes*
d'Angoulin, Pierre Viet Efcuyer, Efche- *fuiects de la*
uins; Daniel de la Goutte, Iacques Rifaut, *ville de la*
Pairs; Elie Moquet, & Charles la Cofte, *Rochelle.*
Bourgeois, ayans charge & Deputez par
le Corps de ladite vllle: Recognoiffans
l'extreme faute qu'ils ont commis, non feulement en refiftant aux iuftes volontez du
Roy, cóme ils ont faict depuis long temps,
au lieu de s'y foufmettre, & luy ouurir les
portes de la ville de la Rochelle ainfi qu'ils
eftoient obligez; mais en outre d'auoir ad-

heré aux Estrangers qui ont pris les armes contre cet Estat ; Supplient auec toute humilité sa Majesté, de leur pardonner le crime qu'ils ont commis en se gouuernans de la sorte, & receuoir pour satisfaction d'iceluy, l'obeyssance presente qu'ils luy desirent rendre, luy ouurant les portes de la ville, qu'ils remettront actuellement entre ses mains pour en disposer ainsi qu'il luy plaira, & leur prescrire telle façon de viure qu'il estimera plus à propos pour l'aduenir, sans autres conditions que celles qu'il plaira à sa Majesté leur faire par sa Bonté, laquelle ils implorent auec humilité, la suppliant de les traitter comme ses Subiets, qui veulent à l'aduenir viure & mourir en la plus parfaitte obeyssance qui a esté iamais rendue à aucun Souuerain. LE ROY ayant égard à la repentance de ses Subjets les Habitans de la Rochelle, & aux Protestations de viure à l'aduenir comme ils sont obligez par leur naissance, ce qu'ils témoigneront dés apres demain Lundy trentiéme du present mois, ouurant les Portes de ladite ville de la Rochelle à sa Majesté, pour qu'il luy plaise en disposer comme bon luy semblera, A commandé & donné charge aux Sieurs de Marillac & du Hal-

lier, Mareschaux de ses Camps & Armées,
de leur promettre en son nom ce qui en-
suit.

I. Le pardon de leur faute & rebellion
commis depuis ce dernier mouuement,
auec toute seureté pour leur vie. L'exercice
libre de leur Religion pretenduë reformée
en la Rochelle.

II. Qu'ils seront restablis en tous leurs
biens, meubles & immeubles de quelque
nature qu'ils puissent estre, nonobstant
toutes condamnations, dons & confisca-
tions qui en pourroient auoir esté faittes à
cause du crime de rebellion, fors & excepté la iouyssance du reuenu de leurs terres,
les meubles, bois couppez, & debtes qui
auroient esté actuellement & sans fraude,
receus iusques à present.

III. Que tous les Gens de guerre Subiets du Roy, qui se trouueront maintenant
dans la ville de la Rochelle, non Bourgeois
& Habitans de la Ville d'icelle, iouyront
des Graces exprimées cy-dessus: Et les
Chefs, Capitaines & Gentils-hommes
sortiront de ladite ville l'espée au costé,
& les Soldats le baston blanc à la main. Et
de tous sera fait estat de leurs noms & surnoms. Et feront serment de ne porter iamais les armes contre le seruice de sa Ma-

jesté, sur peine d'estre décheus de la presente Grace. Et quant aux Capitaines & Soldats Anglois qui se trouueront en ladite Ville, ils seront s'il plaist à sa Majesté, conduits par Mer en Angleterre, sans qu'il leur soit fait aucun déplaisir.

IV. Seront aussi lesdits de la Rochelle, tant Habitans que Gens de guerre, déchargez de tous actes d'hostilité generalement quelconques, Negotiations és Pays Estrangers, & de tous autres, sans qu'ils puissent estre recherchez, fors pour le regard des cas execrables exceptez par les Edicts, de ceux qui peuuent concerner la personne du Roy.

V. Comme semblablement demeureront lesdits de la Rochelle, déchargez des fontes de canon, fabrications de Monnoyes, Saisies & Prises de deniers, tant Royaux, Ecclesiastiques, que autres en ladite Ville: ensemble des Contributions ordonnées pour l'entretenement des Gens de guerre, & contrainte decernée contre les absens, mesme par demolition de leurs maisons, & de tous autres emplois aux choses susdites en laditte Ville.

VI. Demeureront pareillement tous les Habitans & Gens de guerre, deschargez de tous Iugements, Sentences & Arrests

qui pourroient auoir esté donnez contre
eux à l'occasion de leur rebellion pendant
ces mouuements.

VII. Que de tous Iugements tant ciuils
que criminels donnez dans les Conseils
tenus extraordinairement en ladite Ville,
les Iuges, Conseillers & Commissaires qui
y auroient assisté, n'en pourront estre recherchez, ny mesme les particuliers, au
profit desquels ils auroiēt esté dónez pour
ce qui concerne les Prises & Butins. Et sur
tout sera imposé silence au Procureur General & ses Substituts.

VIII. Que les Iugements, Amendes,
Condamnations, Suspentions & Interdictions données par les Iuges Presidiaux,
tant contre les Maires de ladite ville, que
ceux qui les ont assistez, demeureront nuls,
& comme non aduenus. Comme semblablement les procedures faittes en suitte
contre aucuns desdits Iuges, demeureront
nulles, sans qu'aucuns de ceux qui ont esté
employez de part & d'autre en puissent
estre recherchez.

IX. Demeurera aussi le Iugement pour
la mort de Tournay, & ceux qui en font
chargez par ledit Iugement, n'en pourront
estre recherchez.

X. Tout le contenu cy dessus sera ratifié

par les Maire, Pairs, Escheuins, & Habitans de ladite ville, & ladite ratification sera apportée dans demain deux heures apres midy, en bonne & deue forme. Apres quoy il plaira au Roy faire deliurer aux susdits Deputez Lettres de Declaration qui approuuent & ratifient ce que dessus.

XI. Et lesdites ratifications estans deliurées, les portes de la ville seront ouuertes, & mises en la possession de ceux qu'il plaira à sa Majesté ordonner, afin qu'en suitte elle y puisse faire son entrée en personne quand & ainsi qu'il luy plaira. Promettant sa Majesté par sa bonté, faire apporter vn tel ordre à l'entrée & logement des Gens de guerre en ladite ville, qu'aucuns habitans d'icelle, femmes & enfans n'en reçoiuent aucun desplaisir, soit en leurs personnes, soit en leurs biens.

Faict & arresté au Chasteau de la Saussaye le vingt-huictiesme Octobre mil six cens vingt-huict. Ainsi signé, LOVIS, DE MARILLAC, & Iean de Berne, Pierre Viette, Rifaut, De la Goutte, De la Coste, & Mocquay.

Apres que ces articles eurent esté signez au logis de M. le Cardinal, les deputez de la ville, & quelques autres des principaux habitans, allerent trouuer le Roy sur

les

les quatre heures apres midy, pour luy demander pardon. Le Mareschal de Baſſompierre ayant commandement de les receuoir, apres les auoir tous ſalué, & fait re-
monter à cheual, les conduit iuſques enuiron cent pas prés du logis du Roy, où il
leur fit mettre pied à terre, & marchant à la
teſte de ſa troupe à cheual & ſa ſuitte de
meſme, les Rochelois au milieu à pied, arriuerent en cet ordre iuſqu'audit logis ; où
M. le Cardinal les receut, puis les preſenta
au Roy qui les attendoit dans ſon cabinet;
à la veuë duquel dés l'entrée de la porte
s'eſtans mis à genoux, vn d'entre eux nommé de la Goutte s'aduança, & au nom de
tous & de la ville demanda pardon à ſa Majeſté en ces termes.

SIRE, Ceux qui ont eſté long temps enfer-
mez dans les priſons obſcures, lors qu'ils vien-
nent à en ſortir ne peuuent ſans s'eſblouyr re-
garder la lumiere du Soleil: Nous auſſi qu'vne
longue captiuité a retenus tant de temps reclus
dans l'enclos de nos murailles, venans mainte-
nant à paroiſtre deuant les yeux de voſtre Ma-
jeſté, ne pouuons en ſupporter l'eſclat ſans eſ-
blouyſſement, & ſans quelque horreur de nos
fautes paſſées, qui augmentent noſtre confuſion;
& toutesfois la bonté de voſtre Majeſté, dont
nous auons ſi ſouuent eſprouué des effeſts, & que

Harangue
des Rochel-
lois au Roy.

Q

tout fraischement nous venons de ressentir, nous donne la hardiesse de nous prosterner à ses pieds pour en obtenir le pardon, que les frequentes recheutes dans nos crimes ne nous permettent pas d'esperer, que pour la seule consideration de l'extreme ressentiment dont nous sommes maintenant touchez, & l'extreme passion de tesmoigner à vostre Majesté qu'elle n'aura point d'oresnauant de subiets plus fideles & plus obeyssans que nous. C'est la protestation que vous fait maintenant vostre ville de la Rochelle, que le Roy Henry le Grand vostre pere, dont la memoire ne peut iamais perdre l'honneur de son amitié & bienueillance, en laquelle il a tousiours trouué vne tres-grande affection à son seruice, & qu'elle a eu l'honneur de luy seruir autresfois de retraitte & demeure, elle proteste à vostre Majesté vne fidelité & obeyssance, dont l'execution ostant le souuenir de ses mescognoissances & rebellions, espere que vostre bonté, apres luy en auoir accordé le pardon, nous fera la grace d'en perdre le souuenir, puisque nous voulons viure & mourir d'oresnauant dans l'obeyssance que nous recognoissons luy deuoir, & faire auoüer à sa Maiesté qu'elle n'aura point cy apres de subiets & seruiteurs plus fideles & plus affectionnez à son seruice que ceux de sa ville de la Rochelle.

Apres qu'il eut acheué sa harangue auec voix craintiue & tremblante, le Roy leur

t cette responfe: *Ie prie Dieu que ce foit de*
ur que me portiez honneur, & que ce ne foit
s la neceßité où vous eftes reduits qui vous
ce tenir ces paroles. Ie fçay bien que vous auez
ufiours efté malicieux, pleins d'artifices, & que
ous auez fait tout ce qui vous a efté poßible
ur fecouer le ioug de mon obeyßance. Ie vous
rdonne vos rebellions. Si vous m'eftes bons &
deles fubiets, ie vous feray bon Prince: & fi vos
Fions font conformes aux proteftations que
ous me faictes, ie vous tiendray ce que ie vous
promis.*

En fuitte de quoy M. d'Herbaut leur fit
cture des articles de la grace que fa Ma-
fté leur faifoit. Et en mefme inftant M. le
Cardinal tirant vn memoire où eftoient les
ropofitions que les Rochelois auoient
uittes, le leut deuant le Roy, afin de faire
oir leur temerité & infolece: par iceluy ils
emandoient entre autres chofes vn traicté
eneral pour tout leur party, & le pouuoir
eflire vn Gouuerneur, vn Maire, des Ef-
heuins, & la conferuation de leurs priui-
eges en general. Ce qui fut à leur honte.

Les Deputez s'en retournans remporte-
ent les articles fufdits fignez & feellez,
pour les faire publier dans les places publiques de la ville, & faire cognoiftre au
peuple la bonté & mifericorde du Roy, de

quoy ils tefmoignerent tous vne grand
allegreffe.

Le Lundy à fept heures du matin M.
Marefchal de Schomberg, Meffieurs d
Vignoles, de Marillac, & de la Curée, er
trerent & prirent poffeffion de la ville a
nom du Roy, auec le Regiment des Gar
des, & apres midy les Suiffes y entrerent.

Apres que M. l'Archeuefque de Bor
deaux eut confacré de nouueau l'ancienn
Eglife de Sainéte Marguerite, M. le Cardi
nal de Richelieu y celebra le premier l
Meffe le iour de la Touffainét, & y com
munia Meffieurs de Marillac Garde de
Seaux & Marefchal de Schomberg.

Le mefme iour à trois heures apres mid
le Roy entra dans la ville par la porte d
Congnes, fans autre ceremonie qu'à che
ual & armé. Le Maire & les Efcheuins l
receurent à la porte, auec les principaux d
la ville, & luy firent les mefmes fubmif
fions que les Deputez. Le Roy les receu
fort benignement, & l'accompagneren
ainfi par la ville, pendant que le peuple d'v
ne voix foible & languiffante crioit *Viue l*
Roy. Sa Majefté alla droiét à l'Eglife Sainéte
Marguerite, où il entendit la Predicatior
du R. P. Souffran, puis s'en retourna à
Laleu,

Le 3. iour de Nouembre l'on fit vne Proceffion generale, où fut porté le S. Sacrement de l'Euchariftie : & y affifta le Roy en perfonne, M. le Cardinal , & force Nobleffe.

La famine fut fi grande dans la Rochelle, qu'il mourut de faim plus de quinze mil perfonnes durant le fiege, & ceux qui refterent eftoient fi maigres & defcharnez, qu'ils fembloient pluftoft morts que vifs.

On enuoya vn memoire à la Royne Mere qui contenoit le prix & qualité des viandes qui furent exceffiuement vendues en ladite ville depuis le commencement du mois d'Octobre iufques à fa reduction, que l'on a trouué bon eftre icy inferé pour faire voir la grande difette où ils eftoit reduits. En voicy la teneur.

Premierement vn bifcuit de demie liure, xxv. liures.

La liure de bœuf ou vache,	xij. liures.
La liuré de cheual,	vj. liures.
La liure de chien,	xx. fols.
La tefte de chien,	x. fols.
Vn œuf,	viij. liures.
La pinte de vin mefure de la ville,	vij. liu.
La liure de peau de bœuf appreftée,	iij. liu.
Vne poule,	xxiiij. liures.
Vn mouton,	trois cens liures.

Vne vache,   deux mil liures.
La liure de sucre,   xxiiij. liures.
La liure de Castonade,   xvj. liures.
Vne Moluë,   x. liures,
Vne Seiche,   vj. liures.
La liure de Confiture commune, xvj. liures.
La liure de peau de bœuf seiche, xx. sols.
Vne racine de Poirée,   viij. sols.
Deux fueilles de Choux,   x. sols.
Vn Oignon,   x. sols.
Vne trippe de bœuf,   iij. liures.
Vne trippe de cheual,   xx. sols.
Vne Pomme,   xxx sols.
La pinte de laict,   iiij. liures.
Le boisseau de bled mesure de la Rochelle,   huict cens liures.
La huictiesme partie du boisseau de bled auec le sang d'vn pigeon. lxxxx. liur.
Le boisseau de vesse,   cent liures.
La liure de la viande d'Asne, xxxij. s.
Vn pasté d'vne rouelle de bœuf, cent l.
Vn collet de Mouton,   xxvij. liures.
La liure de Lard,   xij. liures.
L'once de pain ordinaire,   xxij. sols.
L'once de pain de paille faict auec sucre, xxij. sols.
Vne Raue,   viij. sols.
La liure de Raisins frais,   xviij. s.

La liure de Beure,   xviij. liures.

La liure d'Huille,   xviij. liures.

La liure de pain de Ris auec sucre, xxiiij. sols.

Apres que sa Maiesté eut faict entrer ses troupes dans la ville, il en voulut donner aduis aux Reynes & aux Preuost des Marchands & Escheuins de Paris : mais parce que les lettres des Reynes n'ont esté veuës du public, nous mettrons icy seulement celle escritte à la haste au Preuost des Marchands, qui fut apportée par M. de S. Simon le mesme iour que celles des Reynes.

DE PAR LE ROY.

TRES-CHERS & bien Amez: En fin, Dieu nous a faict la grace de nous donner le bon succez que nous auiös attëdu de nostre entreprise. Les habitans de nostre ville de la Rochelle ont eu recours à nostre Clemence, comme à leur seul refuge, & se sont rendus à la veuë de l'armée des Anglois, quoy qu'ils en eussent iusques alors attendu vn grand secours: nous les auons receus, & traittez comme nos subjets, qui monstrent vne grande repentance de leurs fautes passées, & qui protestent pour l'aduenir vne inuiolable fidelité & obeyssance: Ce iourd'huy nous auons faict entrer nos troupes en nostredicte ville, à inten-

Lettre du Roy, à messieurs les Preuost des Marchands & Escheuins de la ville de Paris, sur la Reduction de la ville de la Rochelle.

tion d'y faire noſtre entrée en perſonne dans vn iour ou deux, de quoy nous auons bien voulu vous donner aduis par le Cheualier de Sainſt Simon, que nous vous deſpeſchons exprés, auec la copie des articles que nous auons accordez auſdits habitans, par leſquels vous ſerez informez de ce qui eſt plus conſiderable en la Reduction de cette place, de laquelle nous ne doutons point que vous ne receuiez, comme nos bons & fideles ſeruiteurs, vne grande ioye, & ne rendiez auecque nos ſubiets graces publiques à Dieu de l'aſſiſtance qu'il nous a departie en cette occaſion, auec toutes les demonſtrations de ioye que merite vn ſuccés ſi important au repos de cet Eſtat, & au public. Donné au Camp deuant la Rochelle, le trentieſme Octobre, mil ſix cens vingt-huict. Signé LOVYS. *Et plus bas,* LE BEAVCLERC. *Et ſur le reply eſt eſcrit.* A nos treschers & bien Amez les Preuoſt des Marchands & Eſcheuins de noſtre bonne ville de Paris.*

Le Roy dés le lendemain prit bien la la peine de reſcrire de ſa propre main à M. l'Archeueſque de Paris, pour luy teſmoigner qu'il recognoiſſoit ne tenir ſes victoires que de la main de Dieu, par les prieres & interceſſions de ſes bons & fideles ſubiects, & principalement du Clergé de Paris, dont il le remercie, comme il ſe peut voir par la lettre qui ſuit.

MOnsievr l'Archeuesque de Paris, i'auois tant de haste, de faire sçauoir aux Roynes, l'entrée de mes troupes dans la Rochelle, que dés l'instant que ie peus iuger qu'il y en auoit vne partie, ie leur despeschay le Cheualier de Sainct Simon, & ne le chargeay que de peu de lettres, priant la Royne, Madame ma Mere, de donner part de ceste bonne nouuelle, à tous mes seruiteurs, & de commencer par vous, & ce auec remerciement, tant pour vous, que le Clergé de ma bonne ville de Paris, des feruentes prieres, où ils ont vacqué, pour demander à Dieu la victoire qu'il luy a pleu me donner. Mais à peine ledit Cheualier estoit party, que non content de ce que i'auois mandé, & de ce que i'auois commandé à la Ville aux Clercs, de vous dire sur ce suiet, luy despeschant vn Courrier sur quelques affaires, ie luy enuoyay cette lettre pour vous presenter, que i'ay voulu vous escrire de ma propre main, pour vous tesmoigner iusques où ie me tiens redeuable à la bonté de Dieu : & que tenant la victoire de sa main, de mesme que ie luy en rends graces, ie desire que publiquement la recognoissance luy en soit rendue, & par les mesmes, dont la ferueur n'a sceu diminuer, pendant le temps que i'ay esté en peril. Cela sera de vostre soin, à l'heure qui vous sera prescripte par la Royne, Madame ma Mere, comme aussi,

Lettre du Roy, escripte de sa propre main, à Mõseigneur l'Archeuesque de Paris.

*de faire sçauoir aux Communautez des seculiers
& reguliers, l'adueu que ie fais, d'auoir sur-
monté mes ennemis, à l'ayde de Dieu, & que ie
ne doute point que leurs prieres, iointes à la iustice de ma cause, n'ayent conuié cette Bonté infinie, à nous en faire ressentir les effects, que ie
prie, pour fin, vous auoir, Monsieur l'Archeuesque de Paris, en sa saincte & digne garde. Ce
dernier Octobre 1628.*

Signé, LOVYS. *Et sur le reply est escrit.
A Monsieur l'Archeuesque de Paris.*

*Prieres ex-
traordinai-
res à Paris.*

Il est à remarquer en cet endroit que les
prieres extraordinaires auoient commen-
cé dés le 3. Octobre par toutes les Eglises
de la ville & fauxbourgs de Paris en mesme temps, lesquelles continuerent iour &
nuict iusques au iour de la Toussainct, auquel iour apres les Vespres furent faictes
Processions publiques pour rendre graces
à Dieu de la victoire obtenue contre les
Anglois, & reduction de la Rochelle, le
tout par Mandement exprés de M. l'Archeuesque de Paris.

*Feux de ioye
à Paris.*

En suitte de quoy l'on fit vn feu de ioye
à la Greue, où le Cheualier de S. Simon
assista, & y fut receu fort honorablemét; &
par toutes les rues de la ville il faisoit aussi
clair le mesme soir qu'en plein iour à cause
de la grande quantité de feux, auec les voix

du peuple qui crioit allegrement *Viue le Roy.*

Le Pape eut aduis de la prife de la Rochelle enuiron trois fepmaines apres l'euenement, mais non par le Courrier extraordinaire du Roy, car à caufe de la pefte qui
eftoit fort grande à Lyon, il fut arrefté en
Sauoye, où fans aucune confideration de fa
commiffion, on luy fit prefque faire fa qua-
rantaine entiere. Ce fut par vn extraordinaire pour quelque affaire d'importáce qui
portoit quantité de lettres, qui faifoient
mention de la refiouyffance qui s'eftoit defia facte à Paris, & ces lettres enuoyées par
la voye d'Allemaigne.

Auffi toft M. l'Ambaffadeur fut trouuer
le Pape, ce bruit courut par toute la ville,
& les plus affectionnez quitterent leurs affaires pour aller chez luy fçauoir la verité,
de laquelle eftans affeurez, ils s'en retournerent leuans les mains, & donnans mille
benedictions à Dieu & au Roy.

On attendoit à chaque moment le Courrier du Roy, mais apres trois ou quatre
iours on fe douta de la caufe de fon retardement, qui au lieu de preiudicier à l'allegreffe fut caufe du redoublement & continuation d'icelle enuiron l'efpace de trois
fepmaines: Car M. l'Ambaffadeur fe refolut apres trois ou quatre iours de faire chā-

ter le *Te Deum*, & faire toutes les demon-
ftrations folemnelles & publiques d'allegreffe, pour fermer la bouche aux ennemis
de la France, qui difoient que ces nouuelles
eftoient fauffes. Et vn iour apres le Pape
declara en Confiftoire à tous les Cardinaux, que quand il auroit receu les nouuelles de fon Nonce (que portoit le mefme
Courrier du Roy) il defiroit aller à Sainct
Louys, pour rendre les actions de graces à
Dieu, faifant chanter le *Te Deum*, & difant
la Meffe, & les inuita de l'y accompagner.

M. l'Archeuefque de Neocefarée fut prié
par M. l'Ambaffadeur de faire la ceremonie du *Te Deum*, M. le Cardinal de Benti-
uolio, comme comprotecteur de France,
y affifta, & tout Rome y accourut.

Il y auoit long temps qu'on preparoit
des feux d'artifice, qui fur le foir firent de
la nuict vn nouueau iour en plufieurs quartiers. Le frontifpice du Palais de M. l'Ambaffadeur eftoit fi orné & efclattant de lu-
mieres, lampes, flambeaux & lanternes ar-
rangées auec tant d'artifice, qu'il fembloit
que ce fuft vn nouueau Firmament, outre
l'artifice qui eftoit au milieu de la place d'i-
celuy, & boettes à feu qui y tirerent fans
ceffe, & deux fontaines de vin en deux endroits dudit Palais, qui coulerent tout le

reſte du iour. L'Egliſe de S. Louys eſtoit
parée en ſon frontiſpice de ſix cens lampes
& nombre de flambeaux, & deuant icelle
furent tirez trois ſortes d'artifices, deux
Nauires & vne forvereſſe, outre grád nombre de boettes, tout cela auec les fanfáres
des trompettes & tambours.

Mais l'allegreſſe ne fut pas moins ſignalée par ce qu'y contribuerent pluſieurs particuliers François, qui firent pour cela des
deſpenſes qu'à peine pourroit-on croire.

A l'arriuée de M. de la Riuiere du Puis
Gueffier Courrier extraordinaire du Roy,
l'allegreſſe redoubla, car lors le Pape prit
iour, fit intimer tous les Cardinaux, & le
18. Decembre partit auec eux tous en Ca-
ualcade, & fut deſcendre à Sainct Auguſtin
eſloigné de S. Louys enuiron de deux cens
pas, & de là fut à pied à S. Louys priant
continuellement Dieu ; où eſtant arriué on
chanta le *Te Deum*, puis l'*Exaudiat*, & quelques verſets, puis ſa Sainĉteté diſt quatre
Oraiſons, & en ſuitte vne Meſſe baſſe, pendant laquelle la Muſique chantoit diuers
motets. A la fin il fit publier Indulgence
pleniere pour deux iours à ceux qui viſite-
roient l'Egliſe de S. Louys & celle de S.
Auguſtin.

Au ſoir de ce meſme iour on fit de nou-

ueau des feux de ioye, ſans artifices toutesfois, mais accompagnez de canonnades &
boettes qui valoient bien cela : & les lu-
mieres, lampes, lanternes & flambeaux furent encor plus magnifiques chez M. l'Am-
baſſadeur que la premiere fois. L'Egliſe de
S. Louys fut ornée comme deuant : car on
fit mettre au deuant d'icelle encor ſix cens
lanternes, & nombre de flambeaux, outre
trois grands feux : & ſa Sainĉteté couron-
na l'œuure par vne magnificence ſingulie-
re, & non attendue de pluſieurs, mais digne
de ſa bonté & generoſité, car il fit tirer toute l'artillerie du Chaſteau S. Ange.

Pluſieurs Cardinaux, apres le Cardinal
Bandini leur Doyen, qui en cela leur ſeruit
d'exemple, firent faire des feux deuāt leurs
Palais, faiſans encor mettre grand nombre
de lanternes aux feneſtres.

Voila les allegreſſes publiques qui ſe firent à Rome pour la victoire du Roy & le
bon ſuccez de ſes affaires en la priſe de la
Rochelle. Mais pour teſmoigner vne plus
grande demonſtration de ioye & bienueillance enuers le Roy, ſa Sainĉteté continuant ſon affeĉtion paternelle, luy eſcriuit
le Bref qui ſuit, que l'on a trouué bon d'in-
ſerer icy és deux langues, ſçauoir Latine
& Françoiſe.

VRBANVS PAPA VIII.

CHARISSIME *in Christo fili noster,*
Salutem & Apostolicam benedictionem.
Vox exultationis & salutis in tabernaculo iu-
storum. Videat peccator & irascatur, & Syna-
goga Sathanæ contabescat. Militat Rex Chri-
stianißimus pro Religione, militat Rex exerci-
tuum pro Rege. Nos certè in hac orbis patria sa-
cro gaudio triumphamus, & gratulamur Ma-
jestati tuæ victoriam, cuius trophæa constituun-
tur in celo, de cuius gloria generatio ventura
numquam conticescet. Rupella arcem non mi-
nus obstinatione perfidiæ quàm naturæ muni-
mentis inexpugnabilem, vidit tandem hæc
ætas Regi & B. Petro subditam. Neque sanè
adeo quisquam desipit, vt tam gloriosam pal-
mam fœlicitati potius acceptam referat, quàm
virtuti. Diuturna tot mensium obsidione do-
cuisti Europam Gallicis legionibus te regnante
deberi, non minore constantiæ laude, quàm ce-
leritatis. Tibi autem periculorum contemptu, &
incommodorum patientia, clare victor, exer-
citus vitam deuouit, & perfectum profligatæ
hæresis triumphum auguratur. Sonuerunt &
turbatæ sunt aquæ Oceani minitantis, obsessis
perduellibus mors deditione potior videbatur.
Ad ipsa Maiestatis tuæ castra cuniculos egit per-
fidia, omnino dilatauit os suum infernus euo-

Bref de no-
stre S. Pere
le Pape Vr-
bain VIII.
enuoyé au
Roy.

mens scelerum & periculorum turmas, ne tam opulentum propugnaculum impietati eriperetur. Stetit Dominus à dextris tuis, non modo deuicisti hostium copias, sed ipsi etiam auxiliari Oceano potuisti frænum inijcere. Gratias agamus omnes Omnipotenti, qui eripuit te de contradictionibus populi non credentis. Cæterùm cùm scias qua cura custodiendi sint victoriarum fructus ne marcescant, nemo est qui ambigat à te reliquias omnes hæreticorum in Gallica vinea stabulantium propediem profligatum iri. Diadema hoc perfecti decoris imponi cupit Ecclesia illi galeæ salutis qua armatum tuæ Maiestatis caput, ipse protegere videtur Dominus potens in prælio. Speramus enim fore vt Gallia omni pacata illucescant coruscationes Ludouici triumphantis captiuæ filiæ Sion Francica trophæa commemoranti & intuenti splendorem fulgurantis hastæ tuæ. Vota nostra atque Ecclesiæ Catholicæ secundet Deus, qui voluntatem timentium se faciet. Interea Nuncius noster, qui oculatus Regalis gloriæ spectator in castris adfuit, luculentus erit Pontificiæ gratulationis interpres Maiestati tuæ, cui Apostolicam benedictionem amantißimè impertimur. Datum Romæ apud sanctam Mariam Maiorem sub annulo Piscatoris, die 28. Nouembris, anno Domini 1628. Pontificatus nostri sexto.

VRBAIN

VRBAIN PAPE VIII.

NOSTRE tres-cher fils en IESVS-CHRIST, Salut & benediction Apostolique. La voix de resiouyssance & de salut a retenty dedans le tabernacle des iustes. Que le pecheur le voye & en despite, & que la Synagogue de Sathan en meure de desplaisir. Le Roy tres-Chrestien combat pour la Religion: le Roy des armées combat pour le Roy. Quant à nous qui tenons nostre Siege en ce commun domicile de tout le monde, nous triomphons d'une saincte ioye, & applaudissons à vostre Maiesté pour la victoire qu'elle a remportée, les trophées de laquelle sont esleuez dedans le Ciel, la gloire de laquelle les siecles à venir iamais ne passeront sous silence. En fin nos ans ont veu le fort de la Rochelle, non moins imprenable par l'opiniastreté de la perfidie que par la forteresse de son assiette naturelle, rangé sous l'obeyssance du Roy, & du S. Siege. Et veritablement il n'y a personne si despourueu d'esprit, qui plustost attribue cette si glorieuse victoire à la fortune qu'à la valeur. Vous auez faict cognoistre par la longueur d'un siege continué par tant de mois, que de vostre Regne l'Europe fera ioug aux armées Gauloises, pour l'honneur qu'elles ont remporté d'une aussi grande constance que de promptitude: Et que c'est à vous, vainqueur glorieux, à qui, tant par

R

le mespris des dangers, que par la tolerance des trauaux & fatigues, elles ont voué leur vie, & donnent vn augure de vous voir paruenir à vn triomphe accomply de l'heresie terrassée. Les eaux de l'Ocean affreux & plein de menaces ont ietté vn grand bruit, & ont esté toutes troublées. Il sembloit mieux valoir pour les assiegez de mourir que de se rendre, la perfidie auoit faict iouer ses mines pour faire renuerser l'ost de vostre Maiesté: L'Enfer auoit entierement ouuert sa gueule pour vomir les escadrons de ses furies & dangereux efforts, pour empescher que l'impieté ne fust chassée hors d'vne si riche forteresse. Le Seigneur ne s'est point esloigné de vostre droicte: vous auez non seulement défaict les troupes des ennemis, mais vous auez eu mesme le pouuoir de tenir l'Ocean lié & garroté. Rēdons en graces au Dieu tout-puissant, qui vous a tiré hors des contradictions & rebellions d'vn peuple sans foy. Mais d'autant que vous sçauez bien de quel soin il faut mesnager les fruicts des victoires, de peur qu'ils ne viennent à se flaistrir, il n'y a personne qui ne s'asseure que vous ne vous reseruiez en bref à paracheuer de mettre fin entiere à ce qui reste de tout le party des Heretiques qui font leur berbergement dedans la vigne Gauloise. L'Eglise n'a rien plus à souhait que d'imposer le Diademe de cette parfaicte beauté sur cet armet de salut, duquel le Seigneur & souuerain maistre

des armées semble luy mesme couurir le chef armé de vostre Maiesté. Car nous esperons qu'il ar-
riuera, toutes les Gaules estans pacifiées, que la
fille de Sion detenuë en captiuité verra les bril-
lans esclairs du tres-Chrestien Roy LOVYS
triomphant, lors qu'elle racontera vos trophées
erigées en vostre France, & se mirera dedans la
lueur de vostre espée foudroyäte. Dieu vueille se-
conder nos veux & ceux de l'Eglise Catholique,
lequel fera la volonté de ceux qui le craignent.
Cependant nostre Nonce, qui a esté tesmoin ocu-
laire & suffisant de ce triomphe Royal, estant
present en vostre armée, seruira de plus ample
truchement de cette Gratulation du S. Siege à
vostre Maiesté, à laquelle nous faisons de toute
nostre affection part de la benediction Apostolique. Donné à Rome à Saincte Marie Maior sous
l'anneau du Pescheur le 28. Nouembre, l'an de
nostre Seigneur 1628. & de nostre Pontificat le
sixiesme.

Or le Roy s'estant rendu maistre de la
Rochelle comme il est dict cy dessus, il fit
vne Declaration sur l'ordre & police qu'il
vouloit estre gardé en ladite ville, dont
voicy la teneur.

L OVIS par la grace de Dieu Roy de
France & de Nauarre, A tous presens
& à venir, Salut. Les grandes guerres qui

Declaration du Roy sur la Reduction de la ville

depuis tant d'années ont affligé cet Estat ayant eu leur principal fondement & appuy sur les frequentes rebellions des habitans de noftre ville de la Rochelle, nous auons eftimé que nous ne pouuions donner à nos subiets aucun repos asseuré, ny les deliurer des grandes foules & oppressions qu'ils souffrent depuis si long temps, finon en retranchant les sources du mal, & rengeant ladite ville & ses habitans soubs noftre obeïssance, en telle sorte que les troubles qui procedent d'eux n'euffent plus moyen de renaiftre. A quoy nous eftans refolus, en l'esperance de la faueur Diuine, necessaire à vne si Royale & si Chreftienne entreprise; nous en auons esprouué le secours si efficace, qu'apres vn long siege de quinze mois entiers, les trauaux & fatigues que nous y auons souffertes, les hazards de noftre personne en plufieurs occasions, les iniures & incommoditez des Hyuers & des Eftez: Apres auoir deffait ou rendu inutiles trois armées des Anglois appellez par lefdits habitans; Nous auons auec le conseil, finguliere prudence, vigilance, & laborieux seruices de noftre tres-cher & bien amé Coufin le Cardinal de Richelieu, reduit en fin les habitans à fe ietter à nos pieds, implorer no-

ftre mifericorde, & s'offrir à nous, & ladite
ville, pour en difpofer ainfi que bon nous
fembleroit. Ce que nous auons receu auec
les tefmoignages de l'amour paternel que
nous portons à tous nos fubiets. Et apres
auoir remis ladite ville en noftre obeiffance actuelle, rendu publiquement graces à
noftre bon Dieu, autheur principal de cet
heureux fuccés, & reftably la Religion Catholique Apoftolique & Romaine en ladite ville, Nous auons eftimé deuoir auant
toutes chofes en regler l'eftat & l'ordre de
fa conduitte & gouuernement à l'aduenir.
A CES CAVSES fçauoir faifons, qu'a-
pres auoir mis cet affaire en deliberation
en noftre Confeil, de l'aduis d'iceluy, & de
noftre grace fpeciale, plaine puiffance &
authorité Royale, Nous auons dict, ftatué
& ordonné, & par ces prefentes fignées de
noftre main difons, ftatuons & ordónons.

I.

Que l'exercice libre & public de la Religion Catholique Apoftolique & Romaine fera eftablie en ladite ville, au pays
d'Aunis, & en tout le Gouuernement, fans
aucun trouble ou empefchement.

II.

Que toutes les Eglifes ruinées & demo-
lies tant en ladite ville que audit pays &

R iij

Gouuernement, seront restablies & reedifiées, & rendues à qui il appartiendra, auec les Cimetieres, maisons & appartenances. Et sur ce qu'il nous a esté remonstré qu'il y auroit plus de commodité pour nos subiets de reduire les cinq Paroisses de ladite ville à trois, à sçauoir nostre Dame de Congnes, S. Barthelemy, & S. Sauueur, & remettre les Paroisses de S. Iean du Perrot à la Paroisse S. Barthelemy, & ceux de S. Nicolas à la Paroisse de S. Sauueur, nous ordonnons que les habitās de ladite ville se rāgeront esdites trois Paroisses lors qu'elles seront en estat de les receuoir, auec le cōsentement de l'Euesque Diocesain, & les expeditions necessaires pour l'vnion d'icelles.

Les cinq paroisses reduittes à trois.

III.

Et d'autant que lesdites Curés sont pour la pluspart reduittes à si grande pauureté, que les Curez n'ayant moyen de viure & de s'entretenir en la decence conuenable, les Paroisses sont destituées de Pasteurs, & nostre peuple abandonné & priué de la nourriture plus necessaire, nous voulons & ordonnons que sur le reuenu appartenant cy deuant à l'Hostel de ladite ville, il soit pris telle somme qu'il conuiendra pour suppléer à chacun des Curez de ladite ville iusques à trois cens liures en tout, & ceux

Chaque Curé aura trois cens liures

de dehors iufques à deux cens quarante
liures chacun ; à la charge de refider actuellement & continuellement fur leur trou-
peau, à peine de priuation de ladite augmentation de reuenu, pour autât de temps
qu'ils manqueront à ladite refidence ; lefquels deniers reuenans bons pour le defaut
de refidence, nous affectons à l'Hofpital
de ladite ville. Exhortons les Euefques &
Collateurs de mettre efdites Cures des
perfonnes de bonne vie, fuffifante doctrine, & capacité requife : n'entendant que ladite augmentation de reuenu foit donnée
qu'à ceux de la capacité & probité defquels
nous aurons le tefmoignage qu'il appar-
tient. Et ce iufques à tant que le procès con-
cernant les Difmes de la banlieue, & refci-
fion de la tranfaction paffée pour raifon de
ce, foit terminée : Ce qu'eftant faict au profit defdits Curez, nous ferons remettre à
noftre Domaine ce que nous leur auons
attribué, ou ce qui excedera la fomme dont
nous entendons qu'ils iouyffent.

par an, dans
la ville, &
dehors 240.
liures.

IV.

Que tous les Ecclefiaftiques feront remis en la poffeffion & iouyffance libre &
par effect de tous leurs biens meubles &
immeubles, fans toutesfois pouuoir faire
aucune recherche ou demande du paffé

Ecclefiafti-
ques remis
en la iouyf-
fance de
leurs biens.

R iiij

pour ce qui aura esté pris ou consommé, fors ce qui se trouuera en nature. Ce que pareillement nous voulons estre obserué pour ceux de ladite Religion pretendue reformée qui sont demeurez en nostre seruice.

V.

Hospitaux de la ville reintegrez en tous leurs droicts.

Que les Hospitaux de ladite ville seront reintegrez en la possessió de tous les biens, rentes & reuenus, droicts, noms, raisons & actions à eux appartenans, sans que ceux qui les ont vsurpez ou les tiennent se puissent preualoir d'aucun laps de temps ou possession.

V I.

Hospital S. Barthelemy separé en deux.

Que l'Hospital de S. Barthelemy seruant à present aux hommes & aux femmes, sera separé en deux par vne bonne & forte muraille, excluant toute communication, laquelle sera construitte au lieu qui sera trouué plus commode par les Experts & gens à ce cognoissans. Et qu'en la part qui sera iugée plus conuenable pour les hommes seront establis les Freres de la Charité, du consentement dudit Sieur Euesque, pour assister & seruir les personnes qui leur seront portées & conduittes, selon l'institution de leur Ordre. Et la part du reuenu qui sera iugée deuoir estre affectée audit

Freres de la Charité establis audit Hospital pour les hõmes.

Hospital des hommes, sera maniée & ad-
ministrée par deux bons & principaux habitans de ladite ville, & vn Receueur, lefquels nous commettrons par chacun an:
duquel reuenu ledit Receueur rēdra com-
pte selon les reglemens pour ce portez par
nos Ordonnances. Et en l'autre part du-
dit Hospital destiné pour les femmes, se- *Religieufes*
ront, auec ledit consentement, mises & *hofpitalieres*
establies les Religieuses Hofpitalieres ti- *pourles fem-*
rées de celles qui sont establies en noftre *mes.*
ville de Paris, pour auoir soin des femmes
& filles malades, & iouyr de la portion dudit reuenu qui leur sera affectée, selon les
Conftitutions & Reglemens qui leur ont
esté donnez par leur establissement en no-
stredite ville de Paris. Enjoignons aux vns *Tous mala-*
& aux autres de receuoir aufdits Hofpitaux *des receus*
tous les malades atteints des maladies que *aufditsHof-*
l'on a accouftumé de traitter aux Hofpi- *pitaux, fans*
taux ordinaires de noftre Royaume, fans *diftinction*
diftinction de Religion, & les traitter tous *de Religion.*
auec tant de soin, de douceur & de charité,
qu'ils en reçoiuent contentement & confolation. Et afin que ledit Hofpital puiffe *Hofpital de*
plus commodément porter la defpenfe ne- *S. Ladre*
ceffaire, nous auons à iceluy vny & vnif- *vny à celuy*
fons l'Hofpital de Sainct Ladre, & tous les *des.Barthe-*
biens & droicts à luy appartenans:à la char- *lemy.*

ge neantmoins de satisfaire aux charges qui estoient sur iceluy pour les lepreux du pays de son estenduë.

VII.

Vne Croix erigée en la place du Chasteau.

Qu'il sera erigé vne Croix en la Place ditte du Chasteau, au pied destail de laquelle sera inscrit en sommaire la Reduction de ladite ville. Et que tous les ans au premier iour de Nouembre il sera faict en ladite ville vne Procession generale & solemnelle, en memoire de la Reduction d'icelle en nostre obeyssance, & pour en rendre graces à Dieu, par l'ordre dudit Sieur Euesque.

Procession generale tous les ans.

VIII.

Cimetiere au terroir de Coreilles, conserué.

Et voulans en la memoire de plusieurs nos bons seruiteurs decedez pour nostre seruice, conseruer le Cimetiere beny au terroir de Coreilles, auquel ils ont esté inhumez, & la Chapelle en laquelle les Religieux Minimes de S. François de Paule ont celebré continuellement le Seruice Diuin, administré & mis en terre lesdits gens de guerre (auquel exercice mesmes plusieurs d'entre eux ont aussi finy leurs iours;) Nous voulons & ordonnons que ledit Cimetiere soit conserué cy apres en ladite nature, sans qu'il puisse à iamais estre prophané: Et qu'en ce lieu soit construit

vn Conuent de Religieux dudit Ordre des
Minimes , & pour cet effect achepté huict
arpens de terre au mesme endroit : & qu'à
la porte principale de l'Eglise dudit Conuent soit graué sur deux Tables de cuiure
aux deux costez de ladite porte, vn sommaire recit de l'ouurage de la Digue construitte au trauers du port de ladite ville, &
de nostre Armée nauale, ausquels en nous
seruant la pluspart de nos seruiteurs inhumez audit Cimetiere ont finy leurs iours.

Constructiō d'vn Conuent de Minimes.

IX.

Remettons, pardonnons & abolissons
ausdits habitans le crime de leur rebellion
commise depuis ce dernier mouuement,&
leur donnons & promettons toute seureté pour leur vie ; defendant toute recherche qui pourroit estre faicte contre eux
pour raison de ladite rebellion. Voulons
qu'ils ayent l'exercice libre de la Religion
pretendue ref. dans ladite ville au lieu
qu'il sera par nous ordóné pour eux; ayant
retenu & reserué le bastiment cy-deuant
seruant audit vsage en la place du Chasteau,
pour estre ledit bastiment appliqué à vne
Eglise Cathedrale, & seruir à vn Euesque,
Chanoines & autres personnes nécessaires
à vne Eglise de cette nature, que nous ferons prier nostre S. Pere le Pape de vou-

Abolition du crime de rebellion à ceux de la Rochelle.

Liberté de Religiō.

Eglise Cathedrale au lieu du Temple.

loir eriger en ladite ville, ou y transferer le
siege de celle des enuirons qui se trouuera
plus commode.

X.

Habitans restablis en leursbiens.

Que lesdits habitans estans en ladite ville
lors de ladite reduction, seront restablis en
leurs biens meubles & immeubles de quelque nature qu'ils puissent estre, nonobstant toutes condamnations, dons & con-
fiscations qui en pourront auoir esté faites
à cause dudit crime de rebellion, fors & excepté la iouyssance du reuenu de leurs terres, les meubles, bois couppez, & debtes
qui ont esté receuës iusques à present,
actuellement & sans fraude.

XI.

Que les gens de guerre nos Subjects,
non bourgeois ny habitans de ladite ville,
qui se sont trouuez en icelle lors de ladite
reduction, ioüiront des graces cy dessus
exprimées, suiuant l'estat que nous auons
fait faire de leurs noms & surnoms, à la
charge de ne point porter les armes contre
nostre seruice, à peine de priuation de nostre presente grace.

XII.

Descharge de tous actes d'hostilité.

Deschargeons lesdits de la Rochelle,
tant habitans que gens de guerre, estans en
icelle lors de ladite reduction, de tous actes

d'hostilité generalement quelconques, ne-
gotiation és pays estrangers, & de tous autres, sans qu'ils en puissent estre recherchez, fors pour les cas execrables exceptez
par les Edicts, & ceux qui peuuent concerner nostre personne. Deschargeons pareillement lesdits de la Rochelle des fontes de
Canon, fabrication de monnoye, saisie &
prise de deniers, tant Ecclesiastiques que
Royaux & autres en ladite ville, ensemble
des leuées & contributions ordonnées
pour l'entretenement des gens de guerre &
contraintes decernées contre les absens,
mesmes par démolitions de leurs maisons,
& tous autres employez aux choses susdites en ladite ville. Demeureront aussi lesdits Habitans & gens de guerre déchargez
de tous Iugemens, Sentences & Arrests
qui pourroient auoir esté donnez contre
eux à l'occasion de leur rebellion pendant
ces mouuemens. Les Iuges, Conseillers ou
Commissaires qui auront assisté aux Conseils tenus extraordinairement en ladite
Ville, ne pourront estre recherchez de tous
Iugemens Ciuils & Criminels donnez en
iceux, ny mesmes les particuliers, au profit desquels lesdits Iugemens auront esté
donnez pour ce qui concerne les prises &
buttins : Et sur tout ce imposons silence

perpetuelà noſtre Procureur general & ſes
Subſtituts. Les Iugemens, amendes, condamnations, ſuſpenſions & interdictions
données par les Iuges Preſidiaux de ladite
ville, tant contre celuy qui portoit lors
qualité de Maire en ladite Ville, que ceux
qui l'ont aſſiſté, demeureront comme nuls
& non aduenus : comme ſemblablement
les procedures faites en ſuitte contre aucuns deſdits Iuges, demeureront nulles,
ſans qu'aucun de ceux qui y ont eſté employez de part & d'autre, en puiſſent eſtre
recherchez, non plus que ceux qui ont eſté
deſchargez de la mort du nommé Tour-
uert par le Iugement donné pour raiſon de
ladite mort, lequel Iugement nous voulons demeurer & auoir lieu.

XIII.

La Mairie
& Eſcheui-
nage abolis.
Auons eſteint & aboly, eſteignons &
aboliſſons à perpetuité la Mairie, Eſcheui-
nage, Corps & Communauté de Ville,
Ordre des Pairs, & celuy des Bourgeois,
ſans qu'à l'aduenir il puiſſe en auoir aucun
vſage en ladite Ville, ny qu'il en puiſſe eſtre
fait aucun reſtabliſſement, à peine contre
ceux qui le pourſuiuront & en feront in-
ſtance, d'eſtre punis comme criminels de
leze Majeſté. Voulons & ordonnons que
Cleche ſer-
uant à con-
la cloche qui ſeruoit cy‑deuant à conuo-

quer lesdites assemblées de Ville, soit ostée
& fonduë.

XIV.

Abrogeons, reuoquons & annullons
tous les droicts & priuileges, franchises &
exemptions attribuez cy-deuant à ladite
Ville, Corps & Communauté, & Officiers
d'icelle, Maires, Escheuins, Pairs, & autres;
sans preiudice toutesfois des droicts acquis
par ceux qui ont cy-deuant exercé lesdites
charges iusques au iour que laditte ville
s'est declarée rebelle contre nostre seruice
en ces derniers mouuemens de la descente
des Anglois en l'Isle de Ré. Auons reüny
& reünissons à nostre Domaine, l'Hostel
commun de ladite ville, & tous les autres
bastimens, magasins & lieux à luy appartenans, ensemble tous les biens, droicts,
meubles & immeubles, rentes, redeuances,
reuenus & tous autres biens quelconques,
tant en ladite ville que hors icelle, ensemble toute la Iustice & Police appartenans
& attribuez à l'Hostel & Communauté de
ladite Ville, pour demeurer à perpetuité
inseparablement vnis à nostredit Domaine, estre regis & gouuernez, administrez,
receus & employez par nos Officiers chacun en son esgard, nonobstant tous dons
qui pourroient en auoir esté obtenus de

nous, lesquels nous auons reuoquez & reuoquons par ces presentes. Et pour le regard des droicts que ledit Hostel de ville prenoit sur la Marine & Offices qu'il exerçoit, pour raison de ce, nous les auons reünis à la charge du grand Maistre, Chef & Surintendant general de la Nauigation & Commerce de France, pour estre leuez & exercez par les Officiers de la Marine, ainsi qu'ils estoient par ceux qui estoient commis par ladite Ville,

Reunion des droicts de l'Hostel de ville sur la Marine au GrandMaistre de la Nauigation de France.

X V.

Murs & fortificatiõs de la ville razées.

Voulons & ordonnons, que les murs, rempars, bastions, & autres fortifications de ladite ville (fors les Tours de S. Nicolas, de la Chaine & de la Lanterne, & les murs vers la mer depuis S. Nicolas iusqu'à ladite Tour de la Lanterne) soient razées rez pied, rez de terre, & les fondemens arrachez, les fossez comblez, en sorte que de tous costez l'accés & l'entrée de ladite ville soit libre & facile, que la charruë y puisse passer comme sur les terres de labour, & que iamais elles ne puissent estre restablies, non pas mesmes par simples murailles, comme de closture ou jardin, ou continuation des murailles des maisons & heritages adiacens, ny autrement. Declarons criminels de leze Majesté tous ceux qui attenteront

Fossez comblez.

ront quelque chose au preiudice du present Article, ou qui oseront nous presser &
importuner pour obtenir quelque chose
au contraire du contenu en iceluy.

XVI.

Auons reüny & reünissons au Siege de
Seneschal, toute la Iustice & Police appartenant cy-deuant audit Hostel de Ville,
pour estre ladite Police exercée par deux
Officiers dudit Siege, auec quatre Bourgeois, lesquels nous nommerons par chacun an, & quatre Commissaires qui seront
par nous créez au lieu de quatre Procureurs
de Police qui estoient cy-deuant esleus en
ladite ville, nous reseruant au surplus de
faire tel reglement pour la Police de ladite
ville, que selon l'estat d'icelle, & les aduis
de nos Officiers & autres, nous verrons
estre à faire.

XVII.

Auons pareillement supprimé & suppri-
mons le Siege de la Preuosté de ladite ville
à present vacant, ensemble celuy du Seel,
& les auons reünis & reunissons au Siege
du Seneschal & Officiers d'iceluy, pour
estre exercez par les Iuges dudit Siege &
incorporez en ladite Iurisdiction, à la charge neantmoins de recompenser raison-
nablement ceux qui peuuent y auoir in-

tereſt , ſelon qu'il ſera arbitré en noſtre Conſeil.

XVIII.

En conſequence deſquelles vnions & augmentations de iuriſdiction attribuée par ceſdites preſentes audit Siege de Seneſchal & Gens tenans le Siege Preſidial en ladite ville de la Rochelle, Nous auons creé & erigé, creons & erigeons par ces preſentes, Six Offices de Conſeillers audit Siege, auec les meſmes droicts & gages que les autres. Vn Subſtitut de noſtre Procureur aux meſmes droicts & functions qu'il eſt porté par la creation de ſemblables Offices, & pour exercer ladite charge ſelon le reglement que nous ferons faire en noſtre Conſeil entre noſtre Procureur & luy. Quatre Commiſſaires de Police cy deſſus mentionnez, aux meſmes functions que leſdits Procureurs de Police, & que les Commiſſaires du Chaſtelet de Paris, ont au faict de ladite Police: Seize Procureurs, trois Notaires, & douze Sergens, pour eſtre auſdits Offices pourueu de gens ſuffiſans & capables.

Creation de ſix Offices de Conſeillers au Preſidial.

Quatre Commiſſaires de Police.

XIX.

Et d'autant que la Iuſtice de ladite Preuoſté & du Seel, & celle de la Police & du Iuge de la Mairie, conſiſte principalement en l'expedition des cauſes des habitans de

ladite ville & banlieuë, qui requierent expedition plus prompte, afin que ceux qui y
recourent, soient moins distraits de leur
traffic & negoce ; Nous voulons & ordonnons qu'il soit pris & arresté vn ou plusieurs iours en chacune sepmaine, selon
qu'il sera iugé necessaire , pour vaquer à
l'expedition desdites causes par les Iuges
dudit Siege qui se trouueront presens, ausquels nous enjoignons de les terminer le
plus sommairement qu'il se pourra, sans les
appointer par escrit, s'il n'est bien necessaire : & lors qu'il sera besoin de iuger les
causes au Conseil & par escrit, nous defendons ausdits Iuges Presidiaux , de prendre
plus grands droicts & espices, que ceux qui
se prenoient esdits Sieges , (ausquels sans
ladite suppression & vnion lesdites causes
deuoient estre iugées,) à peine de concus-
sion , suspension de leurs charges, & de re-
petition contre eux, leurs vefues & heritiers, sans que par le laps de temps ils en
puissent estre deschargez.

X X.

Et quant à la Iurisdiction des Iuges Con- *Iuges Con-*
suls, nous l'auons conseruée & conseruons *suls conser-*
en sa function & exersice selon les Edicts *uez.*
sur ce faits : A la charge toutesfois que
pour les trois années prochaines ladite Iu-

S ij

risdiction sera exercée par ceux du corps des Marchands, & autres Officiers que nous nommerons à ceste fin.

XXI.

Aydes leuez à la Rochel-le.

Ordonnons que les Aydes, Traitte foraine & Domaniale, & autres droicts accoustumez estre leuez en nostre Royaume, auront lieu, & seront leuez dans ladite Ville, aux Bureaux qui pour ce y seront establis, sans toutesfois qu'il puisse estre fait recherche de ce qui n'a pas esté payé par le passé pour raison des droicts & Fermes qui se leuoient en ladite Ville, ny qu'il puisse estre imposé ny leué en icelle plus grãds droicts, ny autres que ceux qui se leuent aux autres villes de nostre Royaume.

XXII.

La Rochelle subiette à la Taille.

Et entant que touche les Tailles, ayans reuoqué toutes les exemptions, nous declarons ladite Ville y estre tenue & subjette: & neantmoins en faueur & consideration du Commerce, nous l'auons abonnée & abonnons à la somme de quatre mil liures par chacun an seulement, au lieu de pareille somme à laquelle elle estoit cy-deuant imposée pour la subuention.

XXIII.

Defences aux estrangers de s'ha-

Defendons qu'en ladite ville aucun Estranger y puisse venir demeurer de nou-

ueau, pour y auoir dōmicile, fans noftre
expreffe permiffion par Lettres de noftre
grand Seau, encores qu'il eût obtenu Lettres de naturalité, & nonobftant les claufes
generales portées par lefdites Lettres, qui
permettent à ceux qui les obtiennent, de
s'habituer en telle des Villes de noftre
Royaume qu'ils voudront.

bituer à la
Rochelle.

XXIV.

Que nulle perfonne faifant profeffion
de la Religion pretendue reformée, &
d'autre que de la Religion Catholique,
Apoftolique & Romaine, ne fera receu à
venir de nouueau habiter en ladite Ville, fi
ce n'eft qu'il y ait demeuré cy-deuant, & y
fuft auparauant ladite defcente des Anglois.

Aucun de la
Religiō pre-
tendue re-
formée ne
s'habituera
de nouueau
dans la vil-
le.

XXV.

Defendons pareillement à tous les Habitans de ladite Ville, qu'ils n'ayent & ne
tiennent en leurs maifons, foit pour leur
vfage & commodité particuliere, foit
pour traffic ou commerce, aucunes armes
de quelque forte que ce foit, poudre, me-
che, ny balles, ny en exercer aucun traffic,
par foy ou par autruy, fans noftre particuliere & expreffe permiffion par Lettres fignées d'vn des Secretaires de nos Commandemens, & feellées de noftre grand

Defences
aux habi-
tans d'auoir
armes.

S iij

Seau, à peine d'eſtre punis comme criminels de leze Majeſté; les contrauentions à
nos Ordonnances en ce ſujet, ne pouuant eſtre ſans vn iuſte ſoupçon des premiers crimes.

XXVI.

Ordonnons qu'il ſera eſtably vn Inten-
dant de la Iuſtice en ladite ville, pays &
Gouuernement, & aux pays de Poictou &
Xainctonge, depuis la riuiere de Loyre,
iuſques à celle de Garonne & Gironde, &
aux Iſles; pour auoir l'œil à l'obſeruation
des choſes cy-deſſus, de nos Ordonnances, exercice de la Iuſtice en toutes functions, ſoulagement de noſtre peuple, & à
tout ce qui concerne noſtre ſeruice, & à
l'execution de nos Ordonnances, ſuiuant
les Commiſſions que nous leur en ferons
expedier. A laquelle charge nous auons
dés à preſenr commis le ſieur de la Thuil-
lerie, Conſeiller en noſtre Conſeil d'Eſtat,
& Maiſtre des Requeſtes ordinaire de noſtre Hoſtel: & y ſera d'oreſnauant commis
de trois ans en trois ans, des perſonnages
de qualité, experience & ſuffiſance conuenable, ſoit de noſtre Conſeil, ou des Maiſtres des Requeſtes de noſtre Hoſtel, & autres Officiers de nos Cours Souueraines.
Si donnons en mandement à nos

amez & feaux les Gens tenans noſtre Cour
de Parlement de Paris, que ces preſentes
nos Lettres de Declaration, ils ayent à faire lire, publier & regiſtrer, & le contenu en
icelles garder & obſeruer, ſans y contreuenir, ny ſouffrir y eſtre contreuenu en
aucune maniere. MANDONS auſſi aux
Gouuerneurs & nos Lieutenans Generaux
de nos Prouinces, chacun en l'eſtenduë de
leurs charges, de tenir la main à l'execution de ceſdites preſentes. CAR TEL
EST NOSTRE PLAISIR. Et afin que ce
ſoit choſe ferme & ſtable à touſiours, nous
auós fait mettre noſtre Seel à ceſdites preſentes, ſauf en autres choſes noſtre droict,
& l'autruy en toutes. DONNE' à la Rochelle au mois de Nouembre l'an de grace
mil ſix cens vingt-huict, & de noſtre regne
le dix-neufieſme. Signé, LOVYS. Et plus
bas, Par le Roy, PHELIPPEAVX. Et ſeel-
lées en cire verte, ſur lacs de ſoye rouge &
verte. Et encor eſt écrit:

Leues, publiées & regiſtrées, oüy & ce
requerant le Procureur General du Roy,
& copies collationnées aux originaux des
preſentes, enuoyées aux Bailliages & Se-
neſchauſſées de ce reſſort, pour y eſtre
pareillement leues, publiées, regiſtrées,
gardées & obſeruées ſelon leur forme &

teneur. A Paris en Parlement le Roy y
seant le quinziesme Ianuier mil six cens
vingt-neuf.   Signé, DV TILLET.

Iamais ville ne s'est veue reduitte si prés
de son dernier souspir & de sa fin que la
Rochelle par ce second Siege, qui l'a du
tout faict humilier, & oublier les audacieu-
ses entreprises que son orgueil luy auoit
faict presumer par le passé, comme voulant
se rendre la source & le siege capital de la
subuersion de la Monarchie Françoise :
ayant tant de fois recidiué en sa rebellion,
qu'elle s'estoit veue en l'estat d'estre la citadelle des rebelles, & ne respiroit rien que
de se voir regenter la France.

Toutes les autres punitions qu'elle auoit
receues pour ses precedentes mutineries
n'auoient esté que minatoires ; mais cette
derniere par vn iuste iugement de Dieu l'a
touché si viuement, qu'elle semble auoir
esté resuscitée du tombeau & remise en vie
par l'admirable & louable à toute eter-
nité clemence du Roy, pour seruir d'exemple à l'aduenir que les rebelles ne peuuent
auoir autre moyen de regagner leur liberté
que par la recognoissance de leur faute, &
l'obeyssance à leur Prince naturel.

Aussi le premier siege du regne de Char-

les IX. fut conduit par vn Lieutenant general & frere de Roy, ce dernier par la personne du Roy en presence : le premier fut
fait par breche & assaut, ce dernier sans
breche & sans assaut : celuy là vit la ville
desolée & presque toute ruinée, mais non
rendue ; celuy-cy l'a affamée & contrainte de se rendre : le premier ne dura que
cinq mois, le dernier a duré quinze mois :
le premier fut leué par la venue des Estrangers Polonois, qui pour vne ville offrirent
vn Royaume au Duc d'Anjou frere du
Roy ; ce dernier repoussa puissamment &
glorieusement l'estranger Anglois, chassé
& battu par trois fois, côtraint en fin se retirer auec perte signalée & de ses gens & de
ses vaisseaux, de sorte que de toute la flotte
Angloise, composée de plus de cent Nauires, la plus grande partie fut combattue des
vaisseaux de sa Majesté, partie engloutie
par les eaux, & brisée par la tempeste, & vn
grand nombre poussé par les vents contraires aux costes de Bretagne, où ils furent exposez à la misericorde des François,
contraints de se rendre à leur mercy plus
morts que vifs, leurs vaisseaux fracassez, &
plus de cent matelots & beaucoup plus de
soldats reduits à l'extreme necessité & à
l'aumosne.

Le Roy donc estant de retour en sa
ville de Paris, y fut receu auec vn si
grand applaudissement & vne telle ioye de
tout le peuple, le 23. Decembre 1628. que
rien ne fut espargné pour en donner vn tes-
moignage public, & sur tout sa Maiesté en
fit les remercimens auec extreme deuotion
au Tout-puissant & autheur des Victoires
en sa grande Eglise de Paris. Et puis le 15.
Ianuier 1629. alla tenir son lict de Iustice
en son Parlement, pour y publier les Ordonnances de ses Estats tenus à Paris & en
l'Assemblée des Notables de son Royaume, auec les Declarations contre le reste
des Rebelles, pour leur donner terme de
se remettre au deuoir de l'obeyssance à laquelle ils luy estoient obligez ; & nommément contre le sieur de Rohan qui se tenoit
tousiours dedans la rebellion, y entrete-
nant les villes de Montauban, Nismes,
Castres & autres ; iusques à donner des Arrests du Priué Conseil pour demolir ses
Chasteaux & forteresses qu'il auoit en
Bretagne.

Ainsi voyons nous les heureux succés des
armes du Roy en la France, laquelle n'estát
assez ample champ pour y faire estendre
& paroistre ses victoires, ne pouuant enser-
rer vne si grande vertu dedans ses bornes,

a eu sujet de continuer ses prieres au souuerain Seigneur de Majesté, pour le rendre victorieux parmy l'estranger, comme il a pleu à sa diuine Majesté faire esclatter l'effort de ses armes au delà des Alpes, & conduire son bras inuincible contre tous ceux qui s'efforcent d'entreprendre contre son authorité & la Iustice de ses armes.

FIN.

TABLE
DES PRINCIPALES
Matieres de cette Histoire.

A.

T

FIN.

Extrait du Priuilege du Roy.

LE Roy par ses Lettres de Priuilege données à Paris le 15. iour de Mars 1630. si-
gnées TARTERON, & scellées, a permis à
François Targa marchand Libraire à Paris,
d'imprimer ou faire imprimer, vendre & distribuer vn Liure intitulé, *Histoire des deux derniers Sieges de la Rochelle, és années 1573. & 1628.*
Faisant defences à tous Imprimeurs & Li-
braires de l'imprimer, en vendre ny distribuer
d'autre impression que de celle dudit Targa,
pendant le temps & espace de six ans, à comp-
ter du iour qu'il sera acheué d'imprimer, sur
peine aux contreuenans de cinq cens liures
d'amende, de confiscation des exemplaires, &
de tous despens, dommages & interests, comme il est plus amplement contenu en l'original des presentes.

Acheué d'imprimer le 12. Auril 1630.